DR. CAIO BRAUER SAMPAIO

JUDAS
NÃO É TRAIDOR!

Uma reparação histórica necessária

Copyright© 2024 by Literare Books International
Todos os direitos desta edição são reservados à Literare Books International.

Presidente do conselho:
Maurício Sita

Presidente:
Alessandra Ksenhuck

Vice-presidentes:
Cláudia Pires e Julyana Rosa

Diretora de projetos:
Gleide Santos

Design editorial e diagramação:
Gabriel Uchima

Assistente editorial:
Júlia Almeida

Revisão:
Ivani Rezende e Mitiyo Santiago Murayama

Ilustração de capa:
Midjourney

Impressão:
Gráfica Paym

Dados Internacionais de Catalogação na Publicação (CIP)
(eDOC BRASIL, Belo Horizonte/MG)

S192j Sampaio, Caio Brauer.
   Judas não é traidor: uma reparação histórica necessária / Caio Brauer Sampaio. – São Paulo, SP: Literare Books International, 2024.
   128 p. : foto. ; 14 x 21 cm

   Inclui bibliografia
   ISBN 978-65-5922-868-3

   1. Bíblia – Crítica e interpretação. 2. Judas Iscariotes – História. 3. Jesus Cristo – Traição. I. Título.
                                                                CDD 232.961

Elaborado por Maurício Amormino Júnior – CRB6/2422

Literare Books International.
Alameda dos Guatás, 102 – Saúde– São Paulo, SP.
CEP 04053-040
Fone: +55 (0**11) 2659-0968
site: www.literarebooks.com.br
e-mail: literare@literarebooks.com.br

MISTO
Papel produzido a partir de fontes responsáveis
FSC® C133282

"O que vais fazer, faça logo."

(João 13:27)

DEDICATÓRIA

Dedico este livro à família. Primeira instituição criada por Deus.
Lute por sua esposa/marido. Lute por seus filhos.
A família é a base de tudo.
Esta é a família que Deus me deu.
Obrigado, Senhor, por ela!

AGRADECIMENTOS

Não gostaria de ser longo nem melancólico, mas preciso publicamente agradecer àqueles que de alguma forma fizeram este autor e o livro existirem; e longe de mim pecar em não os reconhecer. Sei do esforço de cada um de vocês em contribuir para que esta obra saísse das noites de trabalho para as prateleiras dos cursos, igrejas e casas e, nesse curto contexto, não posso me furtar a agradecê-los.

Deus, a ti a honra e muito obrigado!

Pai, muito obrigado por todas as vezes que precisei de você ao longo de minha vida. Eu me orgulho do pai que tenho, assim como tenho enorme honra de ser filho de Maria (*in memoriam*). Vocês dois me deram o que tenho de mais valioso, minha dignidade. Mesmo a distância, sempre observei seus passos. Mas, como tudo na vida, segui meu próprio caminho. E sendo esta mais uma certeza da vida, garanto-lhes que sua criação valeu a pena. Obrigado!

Preciso agradecer publicamente à Dona Lúcia, meu braço direito e esquerdo em casa. "Mãe" das minhas filhas e parte de minha família. Obrigado por tudo! Aleena e Gilberto (cunhados), Chicão e Dri (tios), Daniela e Pedro

Daniel (irmãos) — o complemento de minha família e sempre prontos a ajudar. Onde vocês estiverem sempre serão lembrados. Amo vocês!

Aos líderes religiosos que desde meus 17 anos influenciaram minha vida e formação, nesta ordem: Pr. Auricimar Lima de Almeida e Solange (Igreja Presbiteriana de Resende), Pr. Paulo Eduardo (Primeira Igreja Batista de São Paulo), Pr. Robson Ramos (Primeira Igreja Batista de Resende), Pr. Alexandre Márcio (Igreja Batista Bethel, em Resende), Pr. Rodrigo Buçard (Igreja Metodista Catedral Emanuel, em Resende), Pr. Leandro Oliveira e Pra. Viviane Gonçalves (Igreja Apostólica Casa de Paternidade), pelos quais tenho uma enorme gratidão moral, carinho e muito respeito.

Com muito orgulho, agradeço a meus professores. Na pessoa de minha primeira professora, tia Marta, do Colégio Dom Bosco, em 1977, honro a todos que por minha vida passaram até meu doutorado e os que estão por vir. TODOS VOCÊS SÃO PARTE INTEGRANTE DESTE LIVRO E DE MINHA VIDA. Lembro-me de minha mãe me dizendo lá em Valença, no Rio de Janeiro, quando eu tinha 13 anos e algumas dificuldades nos assolavam: "Mesmo que eu não possa dar um chinelo, sem educação você não fica." Até depois de sua morte, continuei com essa ideologia. Levei-a a cabo e passei adiante às minhas filhas. O PROFESSOR É A FERRAMENTA DA VIDA.

Agradeço aos parceiros Dr. Marcelo Patriota, Professor Dr. Jacques Dias, ao Franklin, Pr. Elton Sá e ao Pr. Alexandre

Kaman, que se dispuseram a debater o tema e trazer sugestões que agregaram muito, funcionando como verdadeiros colaboradores deste livro que, com suas visões distintas, enriqueceram o conteúdo e não mediram esforços em fazer esta obra ser real.

Do mesmo modo, devo um agradecimento diferenciado a quatro pessoas que a vida me presenteou. Luciano Pançardes, Jefferson de Vasconcellos e Zé Carlos Empresários com uma ampla visão social, humildes, completamente desprendidos de vaidades e que sempre me aconselham. Ouviram sobre o projeto, acreditaram nele, ajudaram a viabilizar e ainda se colocaram à disposição para fazer o livro correr o Brasil e, meu irmão de luta e exemplo de um cidadão que verdadeiramente se preocupa com o outro: Marco Correa, o Marquinho. Uma pessoa que me fez entender que vale a pena a peleja em favor dos mais fracos; uma pessoa que ganhou meu respeito ao longo dos anos de convivência porque demonstrou na prática todo seu altruísmo, força e perseverança, mesmo diante de todas as dificuldades e nunca esmoreceu. Incansável! Marquinho é um líder nato, um homem do bem e um exemplo a ser seguido de verdade, vocês são pessoas diferenciadas. Eu NUNCA me esqueço das pessoas que acreditaram em mim.

Obrigado pelo envolvimento de cada um de vocês.

Claudinho, Rodrigão e o caçula Gustavo Ferraz, irmãos de coração que tenho desde sempre. Lá se vão mais de 40 anos de amizade e, com todos os percalços, distância, diferenças, somos um. Esta é a verdadeira amizade raiz.

Agradeço também aos patrocinadores desta obra (cujas marcas empresariais estão ao final do livro), aos quais trago minha gratidão pessoal, por acreditarem no projeto e investirem nele, fomentando a cultura brasileira e, mormente, a cultura local, do interior, onde os olhos governamentais e das mídias quase não chegam, numa linda demonstração de visão empresarial moderna, atenta e preocupada com a sociedade em que estão inseridos. Parabéns a vocês por terem esse olhar diferenciado. Quisera eu que mais empresários fossem como vocês. Parabéns! Que Deus os faça prosperar sempre!

Agradeço também à Gleide Santos, a Ivani Rezende, à Julyana Rosa e ao Maurício Sita, que me acolheram na editora com muito carinho, paciência e muito respeito desde o início. Todos sempre prontos a ajudar e esclarecer cada uma de minhas dúvidas. Depois de muitas discussões, ajustes, acordos, desacordos, idas e vindas, está aí a obra. Feita para que você, leitor, possa ter o melhor. Obrigado à LITERARE BOOKS por fazer acontecer e por não ter poupado esforços para que o leitor tivesse o melhor.

Não menos importante, gostaria de agradecer a VOCÊ que está lendo agora, por ser a razão de todos nós que buscamos estudar constantemente para poder trazer sempre algo novo. Obrigado por você me ajudar a dar sustentáculo para o livro. Obrigado por ter comprado um exemplar, e peço que me ajude a difundir as ideias aqui contidas. Meu desejo é que Deus toque no seu coração.

Obrigado, Senhor, por minhas três mulheres que muito amo. Obrigado por vocês terem tido paciência e me dado credibilidade. Sem vocês, eu não teria conseguido nunca. Peço desculpa por vezes turbulentas, mas posso lhes garantir que, independentemente do resultado da tese ou do livro, já sou um homem feliz por ter tido a oportunidade de tentar e a certeza de contar com vocês sempre.

Arita, minha amada mulher, obrigado! Esses 22 anos de vida em comum me fizeram aprender muito. Sei que ainda preciso caminhar para lhe dar completude, mas sei também que Deus está nesse negócio. Todas as tempestades que tivemos e temos NÃO VÃO VIRAR O BARCO. Deus nos conduziu até aqui e nos levará até a morte. Obrigado por sua tolerância e sapiência no trato com nossas filhas durante minha omissão por conta desse sacerdócio, do trabalho e dos estudos. Tenha certeza de que todos ganhamos. Penso que é preciso sermos sempre submissos a Cristo para que nossos sonhos se tornem realidade e para nos certificarmos, diariamente, de que nascemos um para o outro. Aprendi a entendê-la e hoje não me vejo mais sem sua vida. Caramba! Quase esqueci. Você será sempre meu "MULHERZÃO". Amo você!

Ananda, a primogênita. Você é a razão de minha luta. Este livro traz um ensinamento. Faço isso para que você, sua irmã e todas as suas amigas e amigos tenham algum aprendizado com ele. Nunca quis deixar fortunas porque não as almejo, mas lutarei sempre para que você possa receber de herança a educação que engrandece, a honradez das pessoas de bem e a pureza que nos leva aos céus; espero que este seja meu legado. Honre a Deus como você sempre fez e Ele a honrará. Mantenha seu coração lindo como é e seja sempre essa "doutora de almas". Deus esteja contigo sempre!

Isabela, a justa! Você também é a razão de toda minha luta; é a continuidade e a grande beneficiária dos conceitos em que pretendo forjá-las. Hoje você é uma jovem e já está pronta para compreender o alcance da mensagem aqui contida; e, se tudo der certo, quando for adulta, levará não só o conteúdo deste livro, mas o conteúdo das Escrituras para onde for. Você carrega a virtude da justiça, e Deus se agrada disso. Nunca perca isso, filha! Não deixe o mundo corrompê-la. O justo herdará o Reino. Persevere nos seus sonhos e faça deles uma realidade que sirva a você e aos outros. Seja também uma "doutora de almas". Deus vai usá-la muito ainda, minha filha amada. Que Ele esteja contigo sempre!

Peço que as três contem sempre comigo. Eu as amo!

Por fim, mas com importância maior, agradeço a Deus, que deu seu único filho para que nós pudéssemos ver a realização de Seu amor e ter a chance de n'Ele crer para não perecer. Obrigado, Jesus, por Seu sacrifício em meu favor e por nos deixar ensinamentos e ordens para viver. Obrigado por me iluminar na escrita deste livro.

A Paz esteja com todos.

Shalom Aleichem

Obrigado a todos.

APRESENTAÇÃO

Tenho grande satisfação em trazer uma obra colocada em meu coração por Deus durante meu doutorado, que não tem a menor pretensão de "inventar a roda". Este livro busca não só uma reparação histórica, mas trazer para todos que puderem lê-lo o entendimento de que somos falhos. Só Jesus nunca errou. Só Ele não falhou, até seus discípulos e Apóstolos falharam.

Embora eu vá falar da Bíblia, este livro não é um tratado teológico. Você verá que pouparei o romantismo bíblico e o proselitismo e mostrarei a real de um ponto de vista descompromissado de dogmas de igrejas ou poderes políticos dominantes. Não busco aqui falar somente para acadêmicos ou letrados.

É um livro histórico, que busca causar uma introspecção e uma reflexão profunda. Um livro para todos. Acima de tudo, um livro que vai mexer com sua intimidade, repaginar seus conceitos e sua forma de julgar. E, se tudo der certo, ao final da leitura, você terá crescido como pessoa e como instrumento de Deus.

A história de Judas Iscariotes, assim como o conhecemos até este livro, é um exemplo de erro de interpretação dos próprios Apóstolos de Cristo. Este erro se tornou histórico e nós, de forma inocente, coadunamos e perpetramo-no. E assim é nossa vida.

Eu creio que Deus revela tudo no tempo certo. Ele determina quando uma folha cai da árvore. Só Ele sabe o nosso amanhã. Assim dizem as Escrituras, logo creio que Ele permitiu, dentro de sua sapiência, que esse erro de interpretação sobre a missão de Judas pudesse ultrapassar os séculos para que a história chegasse até nós. Afinal, trair Deus não tem muito sentido. Deus não é factível de ser enganado.

Deus é o ser supremo Criador de todo o Universo. Ele não tem princípio nem fim e sabe de todas as coisas. Deus é espírito, não tem limitações físicas. Deus é amor. Deus é pessoal. Ele não é material nem visível (2 Coríntios 3:17). Deus é majestosamente Santo (Isaías 6:3). Ele é impecável e não há nada de ruim em Deus. Ele é totalmente puro e separado do mal. Por isso, também nos convida para sermos santos como Ele é (1 Pedro 1:15-16; Salmos 77:13).

Deus tem todo poder. Não há nada que Ele não pode fazer (Gênesis 17:1). Deus está em todo lado e vê tudo. Nada está escondido dEle. A Bíblia diz que é impossível fugir de Deus, porque Ele está presente em todo lado (Salmos 139:7-8). Esse é Deus.

Assim sendo, como podemos aceitar que um ser humano mortal possa o enganar? Se nem mesmo o diabo, que é um anjo caído do céu, pôde enganar o Criador, como um homem o faria?

O livro vai lhe mostrar que o diabo atuou durante todo esse tempo criando em nós, em uma estratégia inteligente, a ideia de que as escolhas de Deus (Jesus) não são perfeitas. Ele, o diabo, durante mais de dois mil anos, fez crer que Deus é falho e assim colocou uma vírgula no poder absoluto de Deus, por isso esse erro conceitual precisa ser reparado.

O diabo usou de estratagemas para a fala de que Judas traiu Jesus fosse tão real de forma que até hoje esse é o conceito que prevalece. Para isso, ele nos faz desacreditar de Deus; ele mesmo tenta nos convencer de que ele (diabo) não existe; o diabo tenta nos convencer de que a Bíblia não é a palavra de Deus ou é falha e com contradições; tenta mostrar que o pecado é algo normal e nos oferecer algo para substituir Deus, lembrando que ele é o pai da mentira.

Ao final da leitura, você verá como, principalmente hoje, as *Fake news* são mortais. Como uma família, uma empresa, uma sociedade inteira podem ser conduzidas por caminhos errados e até destruídas por causa daquilo que julgamos e, depois, externamos. Nossa natureza humana nos faz sempre acreditar no mais cômodo e, em regra, aceitamos tudo pacificamente, por isso é mais fácil crer que Judas foi um traidor do que tentar entender sua função teológica na história.

Sabemos que a Bíblia é um compêndio de livros escritos por homens sob a inspiração clara e inequívoca de Deus. É fácil concluir que Deus conduziu todos que a escreveram porque os livros são conexos e sequenciais e muitos deles se completam. Além disso, naquela época, não tinha internet, correios, TV... ou seja, se não foi por ação divina, como um homem poderia falar algo em conexão com outro homem três mil anos depois em locais diferentes? Então, onde começam os erros históricos? Na compilação dos escritos de Deus.

Há inúmeros manuscritos que já foram encontrados pela arqueologia moderna, inclusive e recentemente, o Evangelho de Judas. Mas, por questões meramente políticas, somente 73 dessas tantas centenas de escritos fizeram parte do cânone à época. Digo que a escolha foi política porque essa era uma grande preocupação do imperador Constantino, quando o Concílio decidiu por esses livros. Ainda naquela época (séc. II d. C.), Roma e a igreja romana tinham muito medo de perderem o poder político, por isso houve uma condução à conveniência daquele momento. Porém, pela misericórdia de Deus, hoje nós podemos começar a pensar mais e sem vínculo político sobre a magnitude de Deus em sua totalidade, daí o nascimento deste livro.

A proposta é trazer mais luz a um personagem obscurecido. É examinar o que Judas pode nos ensinar sem o excluir de nossas meditações por ser tachado de traidor. Fato é que, de modo geral, as culturas veem a traição com um peso negativo muito elevado frente a outros erros ou falhas cometidas por pessoas. E se deixássemos de rechaçar Judas, por ser o traidor, e o víssemos como aquele que cumpriu as Escrituras? Será que podemos ser abençoados pelo exemplo de Judas?

Por quatro anos, tive enorme cautela em primeiro lugar com a fidelidade a Deus; depois, em entregar para vocês um livro que fosse real, científico-teológico e com um tema que nos trouxesse algum valor moral e ético. Não se trata de um romance ou uma obra de ficção, e sim de uma obra histórica contendo um assunto recorrente que devemos enfrentar diuturnamente: o poder da língua.

Podemos matar uma pessoa com as palavras que saem de nossa boca. Matar física ou psiquicamente. A Bíblia diz que *"com a língua, bendizemos o Senhor e Pai e, com ela, amaldiçoamos os homens, feitos à semelhança de Deus. Da mesma boca procedem bênção e maldição. Meus irmãos, não pode ser assim! Acaso pode sair água doce e água amarga da mesma fonte? Meus irmãos, pode uma figueira produzir azeitonas ou uma videira, figos? Da mesma forma, uma fonte de água salgada não pode produzir água doce"* (Tiago 3:9-12).

Espero, em Cristo, que esta obra possa trazer uma nova visão não só sobre a história de Judas, mas sobre a própria história. Que você possa se envolver nesta leitura com a mente aberta e pronto para ser abordado pelo poder de Deus e ser engrandecido. Desejo ainda que a obra traga algum aprendizado.

Que assim seja!

DR. CAIO BRAUER SAMPAIO

17

PREFÁCIO

Por Pr. Alexandre Kaman

Livro fantástico!

Estamos diante de um tempo de grandes indagações sobre quem realmente somos e sobre a maneira que escolhemos vivenciar a nossa fé, pois muitos não possuem uma perspectiva clara do seu chamado neste mundo físico. Ao nosso redor, no mundo hoje globalizado, existe uma grande variedade de ouvintes. Há público para tudo o que se fala, isto fora e dentro do meio cristão. No entanto, pode-se constatar que muito do que é expressado passa longe de responder as perguntas que surgem dia após dia.

Assim que conheci o projeto desta obra e, diga-se, muito oportuno para os dias de hoje e uma obra intrigante, não tive dificuldade alguma em me entusiasmar, pois como docente na teologia, história e entusiasta de um resgate da judaicidade do cristianismo junto aos movimentos restauracionistas, pude perceber que o livro que Caio escreveu e a tese nele contida trazem muito desta tendência que milito e acredito ser o caminho da religião moderna.

Após este livro, novas perguntas podem surgir da tão árdua tarefa de resgatar fundamentos dos primeiros cristãos. O livro abre uma nova etapa de nossos estudos e da nossa forma de pensar.

Sabemos que no campo da prática religiosa judaico-cristã, a leitura da Bíblia tem função primordial na construção de valores e princípios para vários grupos e denominações. O valor sagrado atribuído à Bíblia se deve à crença de que as suas narrativas teriam sido diretamente inspiradas por Deus aos homens, e o livro deixa isso bem claro, embora enfrente um erro histórico.

Como pesquisador e professor, sempre compartilho a ideia de trabalhar com as escrituras sagradas com olhar mais crítico, sem a sacralidade cotidiana da fé, mas, sim, olhando como toda literatura histórica que conhecemos, exatamente essa é a abordagem desta obra. O livro foge da "regra do jogo" e encampa, de forma corajosa, a história resgatada pela ciência, ampliando nossa visão de tudo aquilo que tínhamos até hoje.

Um fato muito interessante que ressalto deste livro é que o Caio, mesmo entendendo com profundidade da função de natureza essencialmente religiosa da Bíblia, não ignorou o desenvolvimento de estudos de natureza científica e, com muita sapiência, juntou tudo neste livro.

A disposição corajosa do Caio em buscar novas fontes, trabalhar com os apócrifos, e, sem dúvida, a mais audaciosa de todas, usar tudo em favor de um personagem que sempre foi marginalizado pela tradição cristã, é simplesmente formidável!

Eu acredito que estamos a enfrentar um período de reaproximação da Igreja com Israel de Deus, e a obra do Caio vai nesse sentido. Uma obra que vai além do mundo acadêmico; uma obra para todos. Estamos diante de uma obra de desmistificação de paradigmas. Assim, a possibilidade de um novo olhar sobre a vida de Judas é remissor. Com certeza, você irá ressignificar seu olhar sobre esse personagem depois deste livro.

Em resumo, considerei o trabalho extremamente envolvente, com uma linguagem fácil e bem fundamentado tanto nas Escrituras quanto na teologia, o que me trouxe muito conforto de não estar lendo uma obra apenas de ficção. Este livro vai servir não só para uma nova perspectiva histórica, mas para a restauração de muitos.

O livro certamente gera uma autorreflexão sobre como todos nós podemos estar em funções como a de Judas ou ser tratado como ele foi. Contudo, gerando uma vigilância para não agirmos como na história que já conhecemos.

Eu recomendo a leitura! Para um novo despertar...

Shalon!!!

Alexandre Kaman é pastor, escritor, palestrante e um dos precursores do Movimento Restauracionista no Brasil. Bacharel em Teologia, é Pós-graduado em História de Israel e licenciatura em História geral. Atual diretor-geral do Seminário Teológico Livre da Casa de Paternidade.

INTRODUÇÃO

Fragmento do Evangelho de Judas
(https://en.wikipedia.org/wiki/File:Codex_Tchacos_p33.jpg)

Este tema teológico é novo, mas não exclusivo. É fato. No entanto, parece-me que os estudiosos ainda sofrem muita "pressão" da sociedade e das igrejas em levar adiante um tema que é delicado, sim, mas que precisa ser enfrentado. Eu escrevi este livro para isso. É importante salientar que não questiono a palavra de Deus, muito menos Seus ensinamentos, no entanto precisamos entender também como tudo aconteceu.

Deus, desde o Gênesis, nos prepara para a Boa-nova; e ela ou Ele não podem ser mutilados, deturpados nem negligenciados. Porém, após o surgimento do Cristianismo, mormente ao se transformar em religião, tudo passou a ser gerido por homens, e homens poderosos.

O cristianismo começa a perder sua essência e passa a se tornar moeda política de poder, de *status* e até mesmo de negociação (não diferente dos dias atuais), e, assim, muita coisa inspirada pelo divino se perdeu ou foi perdida propositalmente; muita blasfêmia e heresia surgiram. Atualmente, com a evolução da ciência, a arqueologia bíblica tem tomado uma parcela relevante dos focos de estudos e muito tem sido encontrado.

O que trago aqui é com base, principalmente, nas próprias Escrituras e nessas comprovações científicas. No último século, muitos escritos, gnósticos ou não, somam um achado arqueológico real e nunca se debruçou sobre esses escritos com outro olhar. É fato que muitos deles têm um condão meramente histórico, mas a história é deveras importante para entendermos todo o contexto da Bíblia. Todos os achados do século I até hoje obrigam a uma reanálise de muitos fatos contidos na história bíblica. E a questão da traição de Judas é um deles.

Esse tema renasce mais forte com a descoberta de papiros escritos há cerca de dois mil anos e que estavam escondidos em uma caverna no deserto egípcio. Encontrado na língua copta, o achado é intrigante e nos garante, no mínimo, que poderá dar outra conotação na história de Judas. Logo na primeira página do pergaminho, podemos ver a frase: O EVANGELHO DE JUDAS (foto no início do capítulo).

Tive, por respeito à fidelidade com as palavras aqui contidas, que esperar uns anos para terminar o livro, porque estava aguardando a conclusão de todas as autenticações, restauração e decodificação que foram feitas pela Fundação Mecenas, na Suíça. Ao término dos estudos, todos ficaram entusiasmados, uma vez que uma descoberta desse tipo não é comum. Historicamente falando, talvez se equipare aos achados no Mar Morto e aos famosos manuscritos de Nag Hammadi, ambos encontrados na mesma década, na ocasião, apresentando a toda a humanidade uma Bíblia completa e dezenas de evangelhos apócrifos, respectivamente. Esses documentos estão permitindo a reconstrução do início da religião.

Sempre se teve em mente que as únicas fontes de estudo sobre a vida de Jesus estariam nos quatro Evangelhos canônicos, mas a arqueologia bíblica mostrou que muito mais existe. Embora não canonizados, todos esses compêndios servem para compreender o contexto histórico em que foram escritas as Sagradas Escrituras e ampliar a visão teológica, sociológica e política da época.

Antes que diga que é blasfemo, quero lembrar que esse evangelho apócrifo não era desconhecido. No início da Era

Primeira, o bispo de Lyon ou Santo Irineu* para o Catolicismo, foi quem decidiu que somente os Evangelhos de Mateus, Marcos, Lucas e João não seriam heréticos. No entanto, ele deixa escrito em uma carta e cita, nominalmente, o *Evangelho de Judas***, mas o rotula como afrontoso aos dogmas da Igreja.

> "Dizem que Judas, o traidor, sabia exatamente todas essas coisas e, por ser o único dos discípulos que conhecia a verdade, cumpriu o mistério da traição e que, por meio dele, foram destruídas todas as coisas celestes e terrestres. E apresentam, à confirmação, um escrito produzido por eles, que intitulam Evangelho de Judas."
> (DE LYON, 1995, p. 1995)

Fato é que este documento nomeado de *Evangelho de Judas* é o único escrito real e atestado pela ciência no qual podemos encontrar uma narrativa precisa de quem foi Judas Iscariotes.

"Desconhecemos a existência de qualquer outro documento que relate a vida de Judas", afirma Stephen Emmel,

---

* Dizem que Judas, o traidor, sabia exatamente todas essas coisas e, por ser o único dos discípulos que conhecia a verdade, cumpriu o mistério da traição e que, por meio dele, foram destruídas todas as coisas celestes e terrestres. E apresentam, à confirmação, um escrito produzido por eles, que intitulam Evangelho de Judas (Santo Ireneu de Lyon).

** Fato é que esse documento nomeado de Evangelho de Judas é o único escrito real e atestado pela ciência, no qual podemos encontrar uma narrativa precisa de quem foi Judas Iscariotes. *"Desconhecemos a existência de qualquer outro documento que relate a vida de Judas",* afirma Stephen Emmel, professor de estudos coptas da Universidade de Münster, na Alemanha, e um dos primeiros estudiosos a ver o manuscrito.

professor de estudos coptas da Universidade de Münster, na Alemanha, e um dos primeiros estudiosos a ver o manuscrito (CHINELLI, 2006).

Judas era o terrível. Foi o cara que traiu Jesus. Foi ele que "detonou" com Cristo, assim diz a história, ou ao menos era, até que os cientistas da Fundação Mecenas nos entregassem o Evangelho dele em condições de ler. Mas por que esse Evangelho, além de outros tantos, não foi sequer divulgado para o público?

No Concílio de Niceia, ocorrido em 325 d.C., que foi o primeiro evento promovido pela Igreja para discutir a fé cristã, houve o estabelecimento de algumas doutrinas (dogmas), culminando com a confecção do cânone bíblico pelo Concílio de Hipona, em 393 d.C. Durante esse tempo, homens de fé, mas sobre a influência da Igreja, já institucionalizada, e do Império, vieram discutindo acerca do cânone. O bispo de Alexandria, Atanásio, é tido como a pessoa que escreveu a primeira lista com os 27 livros do Novo Testamento.

Para entender melhor, é necessário ter em mente duas coisas distintas. Uma é que quem escreveu os livros que formam a Bíblia atual foram pessoas inspiradas por Deus e por ação do Espírito Santo. No entanto, a reunião e a tradução desses livros foram feitas por homens sobre a influência da Igreja e da política. Aqui entram as falhas.

Só para se ter uma ideia, cerca de trinta textos, alguns deles conhecidos, foram descartados porque não estavam de acordo com o que Constantino desejava como doutrina política, outros estão sendo ainda encontrados (veja os números interessantes que trago no final do livro).

Após a morte e ressurreição de Cristo, muitos de seus discípulos e Apóstolos tiveram que fugir, até mesmo para não morrer. O tempo passou e os discípulos desses Apóstolos, ainda em fuga, esconderam muitos compêndios por causa da perseguição do Estado e da Igreja. Assim, muita história boa e real foi perdida.

O *Evangelho de Judas*, recém-encontrado, colocaria em questão certos princípios políticos da doutrina cristã e permitiria uma revolucionária reabilitação de Judas, que, durante séculos, carregou o estigma de traidor e assassino de Jesus. Sem dúvida, levanta uma discussão histórica muito interessante.

Mas, para não basear o livro em um documento meramente histórico, vou conduzir a discussão 100% pautada nas Escrituras. Vamos ver o que a própria Bíblia define (não literalmente) sobre quem foi Judas para que eu consiga chegar à conclusão de que ele foi o filho da perdição, mas traidor, não.

Um fato histórico relevante que acende o debate que proponho neste livro é que todos os cristãos, da época de Constantino e, depois, que se insurgiram contra os dogmas estabelecidos pelo Império e pela Igreja, eram perseguidos e mortos (Inquisição) e tudo que eles carregavam de mensagem era também destruída.

A mensagem central que Cristo trouxe só chegou até nós porque muitos dos seguidores foram astutos, iluminados por Deus e por Ele protegidos, porque Deus é o Senhor do ontem e do amanhã. Por isso, acredito que os documentos que foram articuladamente escondidos para que não se perdessem e hoje estão sendo encontrados pela arqueologia não se tratam de heréticos, e, sim, de documentos guardados pela vontade do Criador. Devemos entender e aceitar os fatos, as descobertas e a ciência que, como dizia Einstein, devem andar juntas.

É com base na dicotomia ciência e Deus que proponho este livro. Deus revela tudo ao Seu tempo e permite tudo de acordo com a Sua vontade, logo, nada é ao acaso. Deus é o Deus da ciência. Ele escreveu tudo e não tem uma única folha da árvore que caia sem que Ele determine, por isso, com base no que Deus tem permitido ser revelado, eu o chamo para a reflexão e para a leitura deste estudo.

Vamos adentrar as Escrituras Sagradas?
Boa leitura!

SUMÁRIO

CAPÍTULO 1:
QUEM FOI JUDAS ISCARIOTES..............31

CAPÍTULO 2:
O MINISTÉRIO DE CRISTO......................37

CAPÍTULO 3:
UMA REANÁLISE DA
VISÃO TRADICIONAL 47

CAPÍTULO 4:
JUDAS NÃO TRAIU 59

CAPÍTULO 5:
E AS 30 MOEDAS DE PRATA? 77

CAPÍTULO 6:
POR QUE O BEIJO? 87

CAPÍTULO 7:
JUDAS, UM DISCÍPULO FIEL 95

CAPÍTULO 8:
FILHO DA PERDIÇÃO
OU TRAIDOR? 105

CAPÍTULO 9:
COMO JUDAS MORREU? 113

CAPÍTULO 1

QUEM FOI JUDAS ISCARIOTES

J udas — YEHUDHAH ISH QERYOTH — era filho de Simão e, provavelmente, nasceu em Quiriote, que pode ser na região de Moabe (segundo Jeremias e Amós), ou na região de Hebrom, em Judá, como diz Josué (Capítulo 15:25).

Caricatura de Judas (Antoon van Dyck, 1599 - 1641).

Essa questão das cidades é importante porque, como a Bíblia não diz de qual das duas ele veio, poderia ser o único dos Apóstolos que não era galileu; se veio de Hebrom, por exemplo. Isso pode explicar o porquê de os quatro Evangelhos (escritos por galileus ou discípulos também da Galileia) apontarem Judas com tanta raiva, visto que ele era um judeu da Judeia. Vale dizer que os galileus eram um povo fechado, com muita dificuldade de se relacionar com outros povos, por isso, dentre tantos ensinamentos, Jesus tenta mostrar a eles que somos um só povo.

Judas não chegou de última hora, tampouco pediu para andar com Jesus. Ele já andava com Jesus há tempos, pois, quando Cristo chama seus Apóstolos de uma só vez, após uma noite inteira de oração, como vemos em Lucas 6:12, Judas estava lá. Por ser o mais instruído, tornou-se o tesoureiro dos Apóstolos e foi designado para cuidar do dinheiro do grupo. Ele tinha uma importância diferenciada entre os doze e, desde a origem de seu nome (JUDAS = JUDA = YEHÚDÁH= abençoado = louvor a Deus), carregava um peso grande.

É importante contextualizar quem foi Judas para que você possa compreender esse grande erro histórico com aquele que talvez tenha sido, dos doze Apóstolos, o com a missão mais penosa. Acompanhe-me até o final do livro e entenderá o tamanho da missão de Judas.

Judas tem uma passagem singela, mas poderosa. Sua história é marcada por eventos como a crítica à unção feita por Maria de Betânia e a "traição" de Jesus aos principais sacerdotes. Judas recebeu trinta moedas de prata como pagamento pela "traição" e, arrependido, tentou devolver o dinheiro.

A narrativa bíblica também menciona que os sacerdotes usaram o dinheiro para comprar um campo que se tornou conhecido como "Campo de Sangue". O caráter de Judas, na visão de alguns estudiosos, era marcado pela hipocrisia, egoísmo, avareza e cobiça. Outra corrente de teólogos, à qual me afilio, interpreta Judas como um discípulo estratégico. Era quieto, nada eloquente, não se misturava muito com os demais, era um intelectual, não muito dado ao evangelismo de massa e que tinha, da parte de Jesus, um lugar de destaque no apostolado, lugar nunca compreendido pelos outros onze e por eles muito criticado, conforme mostrarei ao longo do livro. Você verá que João foi o maior reprovador de Judas e isso acontece porque ele, João, era o mais próximo de Cristo e o amava muito. Isso será explicado.

É bacana estudar as Escrituras porque vamos aprendendo como Deus usa cada um da forma que melhor Lhe convém. Até uma mula Ele usou quando precisou (Números 22:9), e nós, seres humanos, tendemos a querer comparar e julgar as pessoas e suas atitudes com base em parâmetros socioculturais que são sempre relativos, e aqui assenta um problema desde o início dos tempos.

Talvez esse sentimento de "julgador" seja que possa ter cegado os demais Apóstolos sobre quem era Judas e o que ele realmente fez, uma vez que todos os Apóstolos tinham conhecimento das Escrituras por terem aprendido nas sinagogas ou por terem ouvido e visto o Salvador colocar em prática. De uma forma ou de outra, a missão de Judas já tinha sido profetizada no Antigo Testamento e, a meu ver, faltou aos demais onze maturidade espiritual para o entendimento da profundidade do desígnio que Judas recebeu do próprio Cristo, ou foram tomados por certo ciúme diante da enorme importância. Judas sempre foi muito discreto. A Bíblia pouco fala dele.

Ele é tão discreto que, depois da "traição" — que veremos não ter existido — o evento mais notável que a Bíblia relata foi a crítica que ele fez à unção feita por Maria de Betânia. Segundo os relatos bíblicos, Maria ungiu Jesus com um perfume valioso, e Judas questionou o desperdício do dinheiro que poderia ter sido usado para ajudar os pobres. *"Por que este desperdício? [...] Podia-se vender este perfume por trezentos denários e dar o dinheiro aos pobres!"* (João 12: 3-8).

Aqui temos ao menos duas interpretações: uma que poderia evidenciar sua avareza e falta de compreensão espiritual, pois dizem os que sustentam essa ideia de que Judas não mostrou interesse genuíno nos pobres, mas, sim, na ganância pelo dinheiro, um evento que exemplificaria a natureza negativa dele e sua falta de alinhamento com os ensinamentos de Jesus; uma segunda corrente faz uma interpretação mais literal, e sustenta que Judas pretendeu ajudar os pobres, como pregava o Rabi. Corrente à qual também me filio.

No entanto, o episódio mais conhecido na história de Judas Iscariotes é, sem dúvida, sua "traição" a Jesus. Ele fez um acordo com os principais sacerdotes para entregá-Lo em troca de trinta moedas de prata. Até aqui, nada novo. No decorrer do livro, vou mostrar para todos que Judas incomodou muito seus companheiros de ministério, mas nunca o próprio Cristo. Os mortais tinham o entendimento, inclusive relatado nos quatro Evangelhos pelos autores, de que Judas foi um traidor; o imortal tinha o claro entendimento de que Judas seria aquele que tirou o homem do Espírito e *"fez cumprir as escrituras"* (Atos 1:16-20).

CAPÍTULO 2

O MINISTÉRIO DE CRISTO

Para compreender o contexto deste livro, preciso trazer o ministério de Cristo, porque se não entender a razão de Sua vinda, quem O enviou e por que Ele foi enviado, a atitude de Judas só teria mesmo o condão de traição. Depois que você entender quem foi Cristo, compreenderá a tese que trago nesta obra. Você vai entender como todos nós, por mais problemáticos que sejamos, somos amados por Deus de forma incondicional.

Imagem simbólica do ministério de Jesus.

O ministério de Jesus Cristo na Terra começou com sua encarnação. A Bíblia diz que, por obra e graça do Espírito Santo, Jesus foi concebido de uma jovem virgem de Nazaré, chamada Maria (Mateus 1:18). Os estudiosos geralmente organizam o ministério de Jesus em duas grandes partes:

sua humilhação e sua exaltação — essa última permanece até hoje e se estenderá por toda a eternidade futura.

A ideia de entender o ministério de Jesus como sua humilhação não está relacionada apenas à sua origem humilde na Terra, mas ao que Ele precisou abandonar para assumir a forma de servo e ser achado verdadeiramente humano. Aqui não pode se esquecer de que o ministério de Jesus não foi igual ao ministério dos profetas do Antigo Testamento, por exemplo.

Isso porque, embora Cristo tivesse sido feito plenamente homem, Ele também era plenamente Deus. Em outras palavras, durante seu ministério, Jesus não deixou de ser Deus para ser homem, mas Ele assumiu a natureza humana abrindo mão, temporariamente, de seus privilégios como Deus. Essa é a premissa essencial para entendermos a missão de Judas.

Contrariando a expectativa judaica ortodoxa de que o Messias prometido nasceria em um berço de ouro, a Bíblia nos informa sobre como Jesus Cristo nasceu de forma humilde na pequena cidade de Belém. Depois que Herodes, o Grande, ordenou a morte dos meninos recém-nascidos em Belém, a família de Jesus teve que passar um tempo no Egito.

Mas a Bíblia não fornece quase nenhum detalhe a respeito da infância, adolescência e juventude de Jesus. O texto bíblico diz apenas que Jesus se desenvolveu em sabedoria, estatura e graça (Lucas 2:52). O único episódio específico registrado na Bíblia sobre a infância de Jesus é aquele em que, com apenas doze anos de idade, foi encontrado no templo, sentado entre os especialistas da Lei.

A Bíblia registra o início de seu ministério público quando Jesus já estava em idade adulta, já com cerca de trinta anos de idade (Lucas 3:23). À luz dos textos dos Evangelhos, especialmente do Evangelho de João, parece que o ministério público de Jesus durou cerca de três anos. O evento que marcou o início do ministério público do Messias foi seu batismo por João Batista no Rio Jordão (Marcos 1:9; João 1:28).

Vale lembrar que, no batismo de Jesus, temos a junção da trindade. Deus homem (Jesus), Deus Espírito (em forma que lembrava um pássaro) e Deus pai (a luz e voz que vieram do céu), o que deixa claro que TODO o Seu ministério seria blindado pela Trindade e, assim, foi. É muito importante entender que essa trindade não se separa. Inegável que Cristo não tenha sido regido pelo próprio Deus. Seu caminho, Seu andar, Seu bem-estar, Suas atitudes, Seu falar, tudo, absolutamente tudo n'Ele era o Pai. Guarde isso!

Depois de ser batizado, Jesus foi conduzido pelo Espírito Santo ao deserto. Ali, Ele venceu a tentação de Satanás (Mateus 4). Daí em diante, os Evangelhos pontuam os destaques do ministério de Jesus. Ele curou doentes, multiplicou alimentos, expulsou demônios, controlou as forças da natureza e ressuscitou mortos. Mas tudo isso servia para testemunhar sua identidade como Filho de Deus e validar sua mensagem acerca do reino dos céus.

Além disso, a Bíblia também diz muitas coisas que Jesus fez ao longo de seu ministério terreno e que não foram registradas (João 20:30). Até aqui, um curtíssimo resumo do ministério de Jesus serviu para demonstrar o óbvio: **Jesus é Deus. Mas isto é importante: é a primeira chave***.

Aqui temos a **segunda chave desta questão** que busco desmistificar: Judas foi escolhido com os demais onze**.

Nessa porção do Evangelho de Lucas, somos apresentados aos doze Apóstolos, homens comuns, que foram chamados, equipados e capacitados para um ministério muito especial. E isso é consistente com o que Deus faz. Perceba que essa escolha não se deu de forma aleatória. Jesus conversou com o Pai, recebeu Dele as instruções e chama os doze. Anote aí!

Agora, eu quero que você observe a frase de abertura no verso 12: *"E aconteceu que naqueles dias"*. Aqui não se fala de tempo cronológico. Não se sabe em que dia. Não fala sobre um determinado mês aqui. Então, qual é o tempo a que o texto está se referindo? O tempo no sentido de época. Ainda em Lucas, temos: *"E aconteceu que, num daqueles dias, estava ensinando, e estavam ali assentados fariseus e doutores da lei, que tinham vindo de todas as aldeias da Galileia, e da Judeia, e de Jerusalém"* (5:17).

Entre Lucas 5:17 e 6:12, vemos uma escalada de conflito entre Jesus e os líderes religiosos do Judaísmo.

---

* *"E aconteceu que naqueles dias subiu ao monte a orar, e passou a noite em oração a Deus"* (Lucas 12).

** *"E, quando já era dia, chamou a si os seus discípulos, e escolheu doze deles, a quem também deu o nome de Apóstolos"* (Lucas 13).

Em Lucas 6:11, o conflito chegou a um ponto alto quando: *"Os líderes religiosos ficaram cheios de furor, e uns com os outros conferenciavam sobre o que fariam a Jesus."* No Evangelho de Marcos, é dito que eles queriam matá-Lo (Marcos 3:6).

É nesse momento que partimos para a cena que começa em Lucas 6:12. É o tempo de uma escalada de hostilidade, e o ódio entre os líderes religiosos do Judaísmo contra Jesus atingiu seu ápice. Aqui Jesus pôde sentir o calor de sua morte iminente. Tanto que, em menos de dois anos, Ele seria crucificado. Fique comigo na leitura que vai entender por que estou explicando isso.

É tempo, então, para preparar seus representantes oficiais. E assim, Jesus, percebendo o ódio, a hostilidade e a inevitabilidade de sua morte, levanta HOMENS-CHAVE para levar a proclamação do Evangelho para a salvação de Israel e o estabelecimento da Igreja. E teriam que continuar sem a presença física d'Ele. Agora é a hora de escolhê-los. É hora de começar a formação desses homens de forma intensa. Aqui começa a real sobre Judas.

Há também outra realidade marcante. Quando Jesus escolhe seus doze representantes oficiais que levariam não só sua mensagem, mas Sua autoridade, Ele não escolhe um rabino, nem escriba, nem fariseu, nem saduceu, nem sacerdote. É verdade dizer que a escolha dos doze Apóstolos não era apenas uma preparação para Sua própria morte e o futuro da proclamação do Evangelho, mas também foi um juízo sobre o Judaísmo ortodoxo.

Veja que todo o processo de escolha de Seu apostolado passou por um tempo cronológico de maturação, não do Cristo, mas dos próprios Apóstolos. Era preciso que cada um deles fosse modelado pelo Espírito Santo para que, ao receberem suas missões, tivessem plena capacidade de executá-las; se assim não fosse, a Boa-nova não teria chegado para mim, nem para você.

Jesus precisava que cada um dos Apóstolos fizesse ainda mais obras do que Ele. Cristo precisava que seus seguidores mais próximos fossem capazes de fazer o rompimento dos séculos e propiciar que a mensagem de Deus chegasse para toda a Terra. Para isso, iluminado por Deus, Jesus escolheu cada um deles de acordo com Seu propósito, e com Judas, não foi diferente.

Como teólogo, identifico a crucificação de Jesus como o ponto mais profundo de sua humilhação durante seu ministério, ao passo que sua vitória sobre a morte, por meio da ressurreição, foi o ponto inicial de sua exaltação, que culminou em sua ascensão ao Céu. Portanto, a morte não colocou fim no ministério de Jesus. Ele venceu a morte e ressuscitou dos mortos com um corpo glorioso, que era uma indicação dos corpos glorificados que os crentes receberão na ressurreição final.

Em resumo, desde o Antigo Testamento, a vinda do Messias está sendo preparada. Isaías 7:14 diz: *"Eis que a virgem conceberá, e dará à luz um filho, e chamará o seu nome Emanuel"*; Miqueias 5:2 diz que Ele nasceria em Belém; Jeremias 23:5-6 diz que o Messias viria da Tribo de Davi;

Zacarias 9:9 traz até os detalhes de como Jesus entraria no templo; enfim, a Bíblia toda conduz ao Cristo. Em verdade, Ele é o Cordeiro de Deus, que funciona como um fio condutor que percorre toda a história de Gênesis 22 até Seu efetivo ressurgimento pós-morte.

Ele é prefigurado no *Pessach* (Páscoa), quando Deus promete poupar de Sua ira todas as casas em que o sangue do cordeiro estivesse sobre as portas (Êxodo 12:3-13). Ali, pela primeira vez, o Cordeiro redimiu seu povo da penalidade devida por seus pecados e, depois, na Cruz, redime-o nova e definitivamente. Isso acontece para que a união da santidade de Deus e Seu amor em Jesus para restabelecer um relacionamento com homens mortos em sua natureza e impossibilitados de por si mesmos restaurarem esse relacionamento possam ter pleno acesso à salvação.

Aqui, temos a terceira chave: a morte de Cristo tinha que acontecer.

CAPÍTULO 3

UMA REANÁLISE DA VISÃO TRADICIONAL

Com a sua permissão, nesse momento preciso fazer uma considerável análise teológica para mostrar que os discípulos tiveram muitas dificuldades de entender o recado. Mesmo após a morte e ressurreição de Cristo, ainda não tinham entendido a missão de Judas e o retratam como traidor.

Creio que só com o Espírito Santo, pós-Pentecostes, é que as palavras de Jesus e as Escrituras acerca d'Ele foram compreendidas pelos Apóstolos, mas estou certo de que Judas entendeu antes de todos ser sua missão entregar Jesus. Ele entendeu o que os outros não entenderam, provavelmente por não olhar para Jesus como um líder político.

Beijo de Judas (Guido Reni, 1575-1642).

Para reforçar essa ideia, focarei a discussão no Evangelho de João (Capítulo. 6:41-71), porque, além de ser um dos mais tradicionais para demonstrar ser Judas um traidor, é o mais eloquente quanto ao tema e com mais riquezas de detalhes. Vale dizer que João era o discípulo amado. Tinha uma proximidade enorme com Cristo, talvez por isso tenha sido o que mais se sentiu traído por Judas. João não podia admitir isso em hipótese alguma, por esse motivo o escritor do livro, após ouvir os relatos de seu Apóstolo, utilizou-se das palavras pesadas que vemos hoje no Evangelho de João para se referir a Judas.

Em um capítulo mais adiante, vou mostrar como essa narrativa começa branda em Marcos (o primeiro Evangelho escrito) e termina áspera em João (o último dos quatro a ir para o papel), de forma que comprova ter o escritor sido impregnado por ouvir. Todas as conexões bíblicas têm por objetivo explicar a errônea conclusão do versículo 71, que, aliás, consta entre parênteses em algumas versões, o que quer dizer que não foram palavras de Jesus.

Então, vamos lá!

Durante algum tempo, Jesus e seus discípulos foram populares entre aqueles com quem trabalhavam. Ocorre que é chegada a hora de Jesus subir o tom e realmente se apresentar como o Messias. Quando Ele fez isso na Sinagoga, surgiu um *"murmúrio"* (João 6:41); houve uma *"luta"* entre aqueles que o ouviram (João 6:52); houve um queixoso *"Duro é este discurso"* (Versículo 61) e havia "muitos" dos "discípulos" voltando e andando *"não mais com ele"* (Versículo 66). *"Muitos, pois, dos seus discípulos, ouvindo isto, disseram: Duro é este discurso; quem o pode ouvir?"* (João 6:60).

O maravilhoso discurso na Sinagoga, seguindo o que foi dado às pessoas do lado de fora, agora havia terminado. Aqui é mostrado o efeito disso sobre os discípulos, que são cuidadosamente distinguidos dos "doze". Formados por uma classe de pessoas que eram, em certa medida, atraídas pela pessoa de Cristo e que eram impressionadas por Seus milagres. Mas quão real foi essa atração, e quão profunda a impressão causou, agora é dado ver.

Quando Cristo se apresentou não mais como o fazedor de milagres, mas como o verdadeiro filho de Deus; quando Ele falou em dar Sua carne pela vida do mundo, e de homens bebendo Seu sangue, o que significava que Ele morreria, e morreria uma morte de violência; quando Ele insistiu que a menos que eles comessem Sua carne e bebessem Seu sangue *"não tinham vida"* neles; sobretudo, quando anunciou que o homem é tão depravado e tão alienado de Deus, que, a menos que o Pai o atraia, ele nunca viria a Cristo para a salvação: a maioria dos ouvintes ficou ofendida. Ver-se-á, então, que tomamos as palavras: *"Duro é este discurso; quem o pode ouvir?"* como se referindo a todo o discurso que Cristo acabara de proferir na sinagoga de Cafarnaum.

Quando Cristo quis dizer que morte Ele deveria morrer: *"O povo lhe respondeu: Da lei ouvimos que Cristo permanece para sempre; e como dizes: Importa que o Filho do homem seja levantado?"* (Versículo 34). Amado leitor, espero que esteja compreendendo essa hermenêutica que preciso fazer para mostrar a necessidade da morte do Messias e não a ideia de que *"Cristo permanece para sempre"* sem morrer, como criam vários discípulos.

Entender a missão dura de Judas é importante porque, ao aplicar o versículo mencionado a nós mesmos, duas coisas devem ser notadas. Primeiro, quando os cristãos professos de hoje criticam um servo de Deus que está realmente dando a verdade divina e reclamam que seu ensinamento é *uma palavra dura*, isso sempre deve ser rastreado até a mesma causa operada aqui. Muitos discípulos ainda rejeitarão a Palavra de Deus quando ela for ministrada no poder do Espírito, e eles o farão porque isso conflita com os próprios pontos de vista e contraria as tradições de seus pais.

Isso fica evidente no versículo seguinte: *"Quando Jesus sabia em si mesmo que seus discípulos murmuravam contra isso."* Eles não vieram a Cristo e declararam suas dificuldades. Não pediram que Ele explicasse Seu significado. Por quê? Não estavam realmente ansiosos por luz. Se fosse assim, eles teriam buscado d'Ele. Novamente, digo: quão semelhante à natureza humana hoje! Quando o mensageiro do Senhor profere uma palavra que é desagradável para seus ouvintes, eles não são suficientemente viris para vir a ele e contar-lhe suas queixas, muito menos se aproximarão dele em busca de ajuda.

Mas aqui estava alguém que sabia em Si mesmo quando esses discípulos murmuravam. Ele sabia por que eles murmuravam. Ele sabia que estavam ofendidos. E Jesus sabia por ser plenamente Deus, pois ninguém, exceto o próprio Senhor, pode ler o coração. *"E se virdes o Filho do homem subir para onde estava antes?"* (João 6:62). Aqui temos o terceiro grande fato que este capítulo traz a respeito de Cristo. **Primeiro**, Ele se referiu à encarnação divina: Ele era o Pão que *"desceu do céu"* (versículo 41). Em **segundo** lugar, Ele morreria, e morrer de violência: a repetida menção de Seu sangue (Versículos 52, 55 etc.). **Terceiro,** Ele ascenderia ao céu, retornando ao lugar de onde veio. Sua ascensão envolveu Sua ressurreição.

"Mas há alguns de vocês que não acreditam" (João 6:64). Isso fornece uma confirmação adicional do que disse acima. Cristo estava abordando a responsabilidade humana. Ele estava pressionando Seus ouvintes sobre a necessidade de crer n'Ele. Ele não foi enganado pelas aparências externas. Eles podem posar como Seus discípulos, podem parecer muito devotados a Ele, mas Ele sabia que não *creram*. Trago isso à baila para que no tocante a Judas Cristo sabia de tudo.

O restante do versículo, como disse lá no começo deste capítulo, é uma declaração entre parênteses feita pelo autor de João quando escreveu o Evangelho: *"Pois Jesus sabia desde o princípio quem eram os que não criam, e quem deveria traí-lo."* Em verdade, nessa traição Ele se refere a TODOS os discípulos que efetivamente o traíram, porque estavam com Ele somente por causa das obras magníficas. Todos que a Bíblia narra e que demonstrei acima. Ele se refere, para aquele tempo e para hoje, aos que quando ouvem Suas duras palavras O abandonam. Essas pessoas não estavam com Ele pelo Espírito. Nada tem a ver com Judas. Se lermos todo o Evangelho segundo João, concluiremos por essa premissa.

Fiz questão de mostrar esse estudo do capítulo para que todos entendam que Jesus falava além dos Seus olhos. Ele ensinava as coisas do Espírito, porque, ao morrermos, seremos espírito e não carne mais. Mesmo muitos não entendendo isso. Até mesmo alguns Apóstolos tiveram dificuldade em alcançar o que Cristo realmente pregava.

Veja que Pedro, após andar com Ele, ver todos os Seus milagres, receber d'Ele a incumbência de pregar aos gentios, vê-lo morrer e ressuscitar, mesmo após tudo isso, Pedro deixa seu ministério e volta à vida antiga. Volta a pescar peixes. É preciso que Jesus, em Espírito, volte e reapareça para Pedro, dê-lhe um "puxão de orelhas" para que volte para o caminho para o qual havia sido escolhido.

"E ele disse: Por isso vos disse que ninguém pode vir a mim, se não lhe for dado por meu Pai" (João 6:65). Aqui Ele repete o que disse no versículo 44. Ele ainda está tratando da responsabilidade deles. Ele pressiona sobre sua incapacidade moral e afirma a necessidade de poder divino trabalhando dentro deles. Então, como Judas poderia ser um intruso? Não era.

Esse texto mostra o que venho dizendo ao longo do livro. Todo o ministério de Jesus na Terra foi dado por Deus. Aqui Ele afirma que todos que chegam para Ele *trabalhar* são enviados pela vontade do próprio Deus. Assim sendo, não pode ser crível que o todo-poderoso enviasse Judas para andar com Seu filho sem saber o que Judas faria. Aceitar que Judas enganou o próprio Deus e traiu Jesus é diminuir a autoridade de quem criou o ontem e o amanhã. É muito mais coerente com toda a Escritura entender que, em algum momento, os homens que escreveram os Evangelhos (diga-se que nem sequer foram os próprios Apóstolos), ou os que o traduziram, erraram em sua interpretação sobre a palavra TRAIÇÃO, quando o mais correto, como será mostrado, seria ENTREGA, o que levou Judas a um julgamento popular errado. Até porque esses escritores sequer conheceram Jesus. Não estavam presentes nos dias dos fatos, logo prefiro manter Deus no Seu patamar de todo-poderoso e acreditar em uma possível e real falha humana.

Continuando: *"Então disse Jesus aos doze: Ireis vós também?"* (João 6:67). Cristo não deseja seguidores relutantes; assim, na partida dos *muitos discípulos*, Ele se volta para os doze e pergunta se eles também desejam deixá-Lo. Sua pergunta era um teste, um desafio. Eles prefeririam ser encontrados com a multidão popular, ou permaneceriam com o que era, externamente, uma causa fracassada? A resposta deles evidenciaria se uma obra divina da graça havia sido operada neles.

"Então Simão Pedro lhe respondeu: Senhor, para quem iremos? Tu tens as palavras de vida eterna" (João 6:68). Uma resposta abençoada foi esta, muito embora fosse traí-Lo dias depois por três vezes. Os maravilhosos milagres atraíram os outros, mas o ensino de Cristo os repeliu. Foi exatamente o contrário com os Apóstolos, para quem, como sempre, Pedro atuou como porta-voz. Não foram as obras sobrenaturais, mas as palavras divinas do Senhor Jesus que as sustentaram; e com Judas, não foi diferente.

Se Judas não fosse um escolhido por Deus e se a vontade dele era um Cristo militarizado como pregam alguns, ele teria ido embora com os *muitos discípulos* em um primeiro momento, ou depois quando Jesus questiona os próprios Apóstolos. Se Judas ficou é porque, assim como os demais, estava com sede do Espírito, como vemos na afirmação logo em seguida: *"E nós cremos e estamos certos de que tu és esse Cristo, o Filho do Deus vivo"* (João 6:69).

Cristo mostrou que sabia mais do que seus discípulos. Foi a onisciência do Senhor Jesus manifestada mais uma vez. Ele não foi enganado por Judas, embora seja evidente que todos os Apóstolos o foram. A prova disso é encontrada no fato de que quando Ele disse: *"Um de vocês me trairá"*, em vez de responderem: Certamente, você se refere a Judas, eles perguntaram: *"Senhor, sou eu?"* Mas, desde o princípio, Cristo conhecia o caráter daquele que deveria vendê-Lo, entregá-Lo a Seus inimigos, mas não agora Cristo o identificará abertamente. O que lemos no versículo 71 é o comentário do autor, escrito anos depois.

Vale frisar que a pecha de traidor recaiu sobre Judas após Jesus ser preso, visto que somente o Filho do Homem, com a onisciência do Pai, saberia o que Judas faria. Os demais discípulos e Apóstolos não sabiam, por isso entenderam como traição. Dessa forma, retrataram na tradição para todos os seus seguidores, até chegar aos dias atuais.

Veja como um pequeno detalhe gera a destruição de uma vida e leva mais de dois mil anos de julgamento. Os traídos foram os Apóstolos, não o Cristo. Vamos contextualizar isso para seu trabalho hoje. Dentro de sua empresa. Na sua família. Na internet. Entende como é muito fácil — ainda mais hoje com a tecnologia — a gente acabar com a reputação de uma pessoa ou de uma empresa?

Ainda para mostrar que ABSOLUTAMENTE TUDO foi feito de acordo com a vontade de Deus, — preciso demonstrar se Deus ordenou isso —, por que deveria haver um Judas no apostolado? Por mais misterioso que esse assunto seja, Deus permitiu Judas no apostolado para nos ensinar que:

1. <u>Foi-nos dada uma oportunidade para Cristo mostrar Suas perfeições</u>;
2. <u>Foi-nos permitido um testemunho imparcial da excelência moral de Cristo</u>;
3. <u>Foi-nos dada ocasião para descobrir o horror do pecado</u>;
4. <u>Foi-nos mostrado encontrar hipócritas entre os seguidores de Cristo</u>;
5. <u>Foi-nos indicado um demônio entre os servos de Deus</u>;
6. <u>Foi-nos ensinado a não julgar.</u>

Para mim, muitos são os pontos a serem meditados diante dessa nova visão sobre Judas. Um deles é o fato de que julgamos o outro, geralmente, com informações parciais ou unilaterais. O termo "taxativo" de traidor leva a nunca se colocar na posição dele, porque não se vê dessa forma como cristão. A Bíblia nos alerta para que tenhamos cuidado, vigiemos, não sejamos pedra de tropeço, perseveremos até o fim. Temos contrastes também de erros cometidos por servos do Senhor em vários momentos da vida. Não devemos julgar os outros pelas atitudes externas.

Judas foi um discípulo como os outros onze e carregava uma missão como os demais e não é possível dizer nada diferente disso, exceto pelo texto de João, Capítulo 10, que trata de uma análise posterior dos fatos. É viável termos todas as atitudes esperadas para um discípulo, ainda mais no contexto atual, e não o sejamos, ou sejamos, influenciados por demônios mesmo tendo uma boa intenção.

Judas nos leva a pensar se temos um real e pessoal relacionamento com o Espírito Santo, se nossa fé é fundamentada em Jesus ou nos nossos achismos, entre outros questionamentos que deveriam nos levar a examinar a nós mesmos, como diz Paulo aos Coríntios.

CAPÍTULO 4

JUDAS NÃO TRAIU

Durante mais de dois mil anos, a Igreja pregou que Judas havia traído Cristo com o beijo. Daqui em diante, com base na vasta fundamentação já exposta nos capítulos anteriores, começo a lhe mostrar que Judas não traiu. Em verdade, cumpriu a maior de todas as missões. E, antes que alguém se aflore a dizer que lá vem mais uma história com base nos encontrados apócrifos, convido para permanecer até o fim do livro para ver que a afirmação deste capítulo é com base nas Escrituras Sagradas.

Judas próximo de Jesus.

Os Apóstolos receberam de Cristo uma missão genérica. No capítulo 10, versículo 1 do Evangelho de Mateus, temos pormenorizado: *"Jesus chamou os seus doze discípulos e lhes deu autoridade para expulsar espíritos maus e curar todas as enfermidades e doenças graves."* A continuidade dessa missão está nos versículos 5 a 15 desse mesmo capítulo, que o convido a ler à noite.

Antes dessas deliberações, a Bíblia relata a nominação de cada um deles e, lá no verso 4, começam os erros de tradução ou escrita no tocante à pessoa de Judas: [...] *"e Judas Iscariotes, que traiu Jesus"*. Vale dizer que quem escreveu a palavra "traiu" não foi Jesus. Essa é uma interpretação ou tradução, que refuto neste livro. Em algumas versões da Bíblia, está até mesmo entre parênteses. No original em grego, está: Σίμων ὁ Καναναῖος καὶ Ἰούδας ὁ Ἰσκαριώτης ὁ καὶ **παραδίδωμι** αὐτόν. A tradução tradicional para o inglês é: **Simon** (Σίμων) <u>the</u> (ὁ) <u>Zealo</u>t (Καναναῖος) **and** (καὶ) **Judas** (Ἰούδας) (ὁ) **Iscario**t (Ἰσκαριώτης) who (ὁ) **also** (καὶ) **having betrayed (παραδίδωμι)** him (αὐτόν).

Vejamos que, quando houve a tradução do grego para o inglês já se usou um termo não prevalente do Novo Testamento. Para o inglês, foi traduzido como **traído**. Mesmo não sendo o termo mais usado no Novo Testamento, ainda assim não é peremptório, é dúbio. A palavra grega **παραδίδωμι** — paradídōmi (par-ad-id'-o-mee) — não tem o significado de traição. Há enorme diferença do original para as traduções.

No original, o texto não afirma nada, diz que "é possível" ou diz que "foi entregue". Há 117 ocorrências deste termo na Bíblia*. Só em algumas partes dos Evangelhos temos a tradução de "trair", em todo o resto do Novo Tes-

---

* O objetivo da Concordância de Strong é oferecer um índice de referência bíblico palavra por palavra, permitindo que o leitor possa localizar todas as ocorrências de um determinado termo na Bíblia. Dessa forma, Strong oferece um modo de verificação de tradução independente e disponibiliza um recurso extra para melhor compreensão do texto (STRONG, James).

tamento e até mesmo nos próprios Evangelhos, a tradução vai no sentido de "ser entregue".

A fim de contribuir com o que venho demonstrando, das 117 ocorrências desse termo na Bíblia, trago dois exemplos de cada Evangelho e dos demais livros (negritando a palavra em grego e em português) para que veja que a tradução por "traição" não é a mais correta e não reste mais dúvida.

Mateus 5:25

*"Entra em acordo sem demora com o seu adversário, enquanto está com ele a caminho, para que o adversário **não te entregue** ao juiz, ao oficial de justiça, e seja recolhido à prisão."*

ἴσθι εὐνοέω ταχύ σοῦ ἀντίδικος, ἕως ὅτου εἶ μετά αὐτός ἕν ὁδός, ἀντίδικος μήποτε σέ **παραδίδωμι** κριτής, κριτής, ὑπηρέτης, καί βάλλω εἰς φυλακή.

Mateus 10:17

*"E acautelai-vos dos homens; porque vos **entregarão** aos tribunais e vos açoitarão nas suas sinagogas."*

δέ προσέχω ἀπό ἄνθρωπος; γάρ ὑμᾶς **παραδίδωμι** εἰς συνέδριον καί ὑμᾶς μαστιγόω ἕν αὐτοῦ συναγωγή.

Mateus 10:19

*"E, quando vos **entregarem**, não cuideis em como ou o que haveis de falar, porque, naquela hora, vos será concedido o que haveis de dizer."*

δέ, ὅταν ὑμᾶς **παραδίδωμι** μή μεριμνάω πῶς ἤ τίς λαλέω γάρ, ἕν ἐκεῖνος ὥρα, ὑμῖν δίδωμι τίς λαλέω

Marcos 9:31

*"Porque ensinava seus discípulos e lhes dizia: O Filho do Homem **será entregue** nas mãos dos homens, e o matarão; mas, três dias depois da sua morte, ressuscitará."*

γάρ διδάσκω αὐτοῦ μαθητής καί αὐτός λέγω ὅτι: υἱός ἄνθρωπος **παραδίδωμι** εἰς χείρ ἄνθρωπος, καί αὐτός ἀποκτείνω καί, τρίτος ἡμέρα ἀποκτείνω ἀνίστημι

Lucas 4:6

*"Disse-lhe o diabo: Dar-te-ei toda esta autoridade e a glória destes reinos, porque ela **me foi entregue**, e a dou a quem eu quiser."*

ἔπω αὐτός διάβολος: δίδωμι σοί ἅπας ταύτη ἐξουσία καί δόξα αὐτός ὅτι ἐμοί **παραδίδωμι** καί αὐτός δίδωμι ὅς ἐάν θέλω

Lucas 20:20

*"Observando-o, subornaram emissários que se fingiam de justos para verem se o apanhavam em alguma palavra, a fim **de entregá-lo** à jurisdição e à autoridade do governador."*

παρατηρέω ἀποστέλλω ἐγκάθετος ἑαυτοῦ ὑποκρίνομαι εἶναι δίκαιος αὐτός ἐπιλαμβάνομαι λόγος, εἰς **παραδίδωμι** αὐτός ἀρχή καί ἐξουσία ἡγεμών.

João 18:35

*"Replicou Pilatos: Porventura, sou judeu? A tua própria gente e os principais sacerdotes é que **te entregaram** a mim. Que fizeste?"*

ἀποκρίνομαι Πιλάτος: μήτι, εἰμί ἐγώ Ἰουδαῖος; σός ἔθνος καί ἀρχιερεύς **παραδίδωμι** σέ ἐμοί. τίς ποιέω

João 19:16

*"Então, Pilatos o **entregou** para ser crucificado*."*

τότε, αὐτός **παραδίδωμι** αὐτός ἵνα σταυρόω

Atos 7:42

*"Mas Deus se afastou e os **entregou** ao culto da milícia celestial, como está escrito no Livro dos Profetas: 'Ó casa de Israel, porventura, me oferecestes vítimas e sacrifícios no deserto, pelo espaço de quarenta anos.'"*

δέ θεός στρέφω καί αὐτός **παραδίδωμι** λατρεύω στρατία οὐρανός, καθώς γράφω ἐν βίβλος προφήτης: οἶκος Ἰσραήλ, μή, μοί προσφέρω σφάγιον καί θυσία ἐν ἔρημος, τεσσαράκοντα ἔτος.

---

* Observação: veja aqui que o mesmo escritor de João que diz que Pilatos ENTREGOU Jesus para ser crucificado, um pouco antes diz que Judas TRAIU Jesus, USANDO EXATAMENTE A MESMA PALAVRA NO GREGO.

Atos 16:4

"Ao passar pelas cidades, **entregavam** aos irmãos, para que observassem as decisões tomadas pelos Apóstolos e presbíteros de Jerusalém."

δέ ὡς διαπορεύομαι πόλις, **παραδίδωμι** αὐτός, φυλάσσω δόγμα κρίνω ὑπό ἀπόστολος καί πρεσβύτερος ὁ ἕν Ἰερουσαλήμ.

Romanos 1:24

"Por isso, Deus **entregou** tais homens à imundícia, pelas concupiscências de seu próprio coração, para desonrarem o seu corpo entre si."

διό, θεός **παραδίδωμι** αὐτός εἰς ἀκαθαρσία, ἕν ἐπιθυμία αὐτός καρδία, ἀτιμάζω αὐτός σῶμα ἕν ἑαυτού

Romanos 4:25

"O qual foi **entregue** por causa das nossas transgressões e ressuscitou por causa da nossa justificação."

ὅς **παραδίδωμι**_διά ἡμῶν παράπτωμα καί ἐγείρω διά ἡμῶν δικαίωσις

I Coríntios 15:3

"Antes de tudo, vos **entreguei** o que também recebi: que Cristo morreu pelos nossos pecados, segundo as Escrituras."

ἕν πρῶτος, ὑμῖν **παραδίδωμι** ὅς καί παραλαμβάνω ὅτι Χριστός ἀποθνήσκω ὑπέρ ἡμῶν ἁμαρτία, κατά γραφή

1 Coríntios 15:24

"*E, então, virá o fim, quando ele* **entregar** *o reino ao Deus e Pai, quando houver destruído todo principado, bem como toda potestade e poder.*"

εἶτα, τέλος, ὅταν **παραδίδωμι** βασιλεία θεός καί πατήρ, ὅταν καταργέω πᾶς ἀρχή, καί πᾶς ἐξουσία καί δύναμις

Efésios 5:2 (4)

"*E andai em amor, como também Cristo nos amou e se* **entregou** *a si mesmo por nós, como oferta e sacrifício a Deus, em aroma suave.*"

καί περιπατέω ἔν ἀγάπη, καθώς καί Χριστός ἡμᾶς ἀγαπάω καί **παραδίδωμι** ἑαυτοῦ ὑπέρ ἡμῶν, προσφορά καί θυσία θεός, εἰς ὀσμή εὐωδία.

E mais tantas outras passagens há confirmando a tradução mais correta. Aqui temos uma assertiva: **ser entregue é bem diferente de ser traído.** Cada um tinha sua razão de estar ali no apostolado. Dizer que Jesus não sabia que Judas o "trairia" é dizer que Jesus não é o Messias; é dizer que Jesus não é Deus. Desde o Antigo Testamento, temos relatos da chegada do Filho do Homem à Terra. Jesus vem para cumprir essa profecia e, assim sendo, é o Senhor do ontem e do amanhã encarnado.

Para ajudar na Sua história terrena, Cristo nomeia assessores que, de acordo com suas características, Lhes designa missões e poderes específicos. Cada um dos doze, incluindo Judas, tinha seu papel muito claro. Judas, como já vimos nos capítulos anteriores, era uma pessoa empresarial. Ele era sensato, altivo, com uma grande capacidade administrativa e, atrevo-me a dizer, tinha sido um dos três ou quatro Apóstolos que entenderam a razão do Nazareno aqui na Terra desde o início. Tinha a capacidade de ver o contexto como um todo, e isso deduzo de sua posição no apostolado. Ele era o cara que cuidava do dinheiro.

Pedro, o homem designado para pregar aos gentios (Atos 15:7), só foi entender quem era Jesus alguns dias depois da morte do mestre. Tomé só acreditou quando o Cristo ressurrecto lhe apareceu. Com exceção de Tiago, Maria Madalena e o próprio Judas, que talvez tenham sido os únicos que, desde o primeiro momento, nunca duvidaram da filiação divina de Jesus e do motivo pelo qual veio pregar entre nós, os demais tiveram um processo de santidade mais lento.

Jesus trouxe uma mensagem muito revolucionária e complexa, mas nos apresenta de forma muito simplória. Naquela época não tinha internet nem Facebook, portanto Jesus sempre soube que o recado de Deus para Sua criação teria que superar os séculos, daí a razão de o ministério de Jesus ter sido extremamente pedagógico.

A mensagem tinha que chegar aos Romanos, por isso ele usa Paulo; a mensagem tinha que chegar aos gentios, por isso Ele usa Pedro; a mensagem tinha que chegar aos próprios judeus, por isso usa Mateus; a mensagem tinha que chegar até mim e até você e, para que isso acontecesse, Ele usou Judas e todos os meios que se fizeram necessários. Mas como a mensagem chegaria aos confins do mundo? Só tem uma resposta: quando houvesse a superação da morte por Cristo.

Naquela época, havia muitos "Jesuses" e muitos milagreiros como Simão, o feiticeiro (Atos 8:9), Elimas ou Bar-Jesus (Atos 13:8) e tantos outros. Portanto, era preciso que Deus se manifestasse de forma única para que todos acreditassem que Jesus não era mais um fanfarrão ou feiticeiro da época, e sim o verdadeiro enviado de Deus para redimir o pecado do mundo. Mas, para que Jesus pudesse superar a morte, Ele precisava morrer, é claro. E a quem coube a missão de propiciar a morte d'Ele? A Judas.

No plano desenhado por Deus desde antes da fundação da Terra e apresentado de forma velada no Antigo Testamento e, depois, de forma aberta no Novo Testamento com Seu único filho, se Jesus não vencesse a morte, Ele não seria o Messias. Sem a atuação cirúrgica de Judas, as profecias do Antigo Testamento não seriam cumpridas e a mensagem não seria entregue. A morte de Cristo, e morte de dor, trouxe a dispersão da palavra, era o que faltava. Judas carregou a missão mais difícil de todas: tinha que levar o Cristo à morte.

Mas, doutor, por que se Cristo era o próprio Deus? Exatamente por isso. Como disse agorinha, à época de Jesus, tínhamos vários outros que "faziam" milagres e sinais, e se diziam o messias. O Sinédrio, a alta cúpula judaica da época, tinha essa preocupação porque a Torá já dizia isso. De fato, as Escrituras afirmam que muitos falsos profetas viriam. Diante desse cenário imperativo, o que poderia mostrar para todos que Jesus Cristo era diferente de seus antecessores e era realmente o Messias? A superação da morte.

Jesus fez a revelação das missões específicas de forma individual a cada um dos Apóstolos. Cristo descreve, em Mateus 10, a regra geral, mas toda vez que precisava de um discípulo em especial para uma missão importante ou delicada chamava no individual, mas em duplas (Marcos 6:7), e Judas é enviado com Tomé, assim como os demais Apóstolos. Cristo não faz nenhuma distinção de Judas. Sabe por quê? Judas não era menos nem mais que nenhum dos demais Apóstolos. Ele era um Apóstolo como todos os outros. Servo.

Embora não tenhamos isso tão visível nas Escrituras, salvo as profecias que já mostrei, no chamado de *Evangelho de Judas* — embora um apócrifo e de cunho histórico — está escrito CLARAMENTE que o Messias disse:

> *"Tu serás o Apóstolo maldito por todos os demais. 'Tu, Judas, oferecerás o sacrifício deste corpo de homem que me reveste. Tu serás o décimo terceiro e serás maldito ao longo das gerações e regressarás para reinar sobre eles'. Noutra parte, lê-se: 'E foram a Judas e disseram: 'Embora, neste tempo, não faças o bem, és um autêntico discípulo de Jesus'. E ele disse-lhes o que queriam ouvir. E entregou-o"* (RAMOS, 2006).

Esse fato histórico é facilmente corroborado quando, em João 13:27 Jesus diz a Judas: **O que você está para fazer, faça depressa,** provando que Jesus já tinha dito a Judas o que fazer. No entanto, os demais discípulos não sabiam dessa particularidade e isso fica claro nas Escrituras. João 13: 28-29: *"Mas ninguém à mesa entendeu por que Jesus lhe disse isso. Visto que Judas era o encarregado do dinheiro, alguns pensaram que Jesus estava lhe dizendo que comprasse o necessário para a festa, ou que desse algo aos pobres."*

Diante desse quadro, no qual os outros onze não sabiam da missão de Judas e, em seguida, presenciaram a prisão do Filho do Homem e sua consequente morte de cruz, é perfeitamente razoável que lhe reputassem ódio e toda espécie de reprovação, até mesmo lhe atribuíssem o título de traidor. Isso seria razoável. Nenhum deles esperava que um dos Apóstolos pudesse entregar Jesus às autoridades. Em verdade, os traídos foram os Apóstolos, como já disse.

É fato que Jesus sabia tudo que Lhe aconteceria. Em João 18:4, Jesus, sabendo tudo o que aconteceria, saiu e lhes perguntou: *A quem vocês estão procurando?* Jesus era Deus. Precisava fazer essa pergunta? Jesus escolheu Judas, porque sabia que fazia parte do plano de Deus. Ninguém obrigou Judas a trair Jesus, mas, quando ele fez essa escolha, cumpriu as profecias. Não sou eu quem diz, é o próprio Filho do Homem que afirma que Judas fez cumprir as Escrituras.

Jesus não cometeu um erro. Antes de escolher os doze Apóstolos, ele orou durante uma noite inteira (Lucas 6:12-13). Ele escolheu cada Apóstolo para fazer parte de um grupo íntimo de futuros líderes da Igreja. Judas recebeu uma grande oportunidade para fazer a diferença no mundo. Ele sabia que um amigo o "trairia", sabia o que se passava no coração de cada pessoa. Mas também que precisava morrer e ressuscitar por nossos pecados. Essa era Sua missão. Sabia que o diabo usaria Judas para tentar destruir seu ministério, mas que Deus inverteria a situação. A "traição" de Judas já estava contemplada no plano divino, por isso é errado falar em traição.

Aceitar que Jesus foi traído sem saber de nada e que Judas o enganou é o mesmo que aceitar que Jesus é somente homem; é dizer que Jesus poderia ser passado para trás, que Ele não tinha o Espírito Santo contigo. Em verdade, é negar a divindade de Cristo. Daí a razão deste livro. Creio que o ponto crucial dessa questão são interpretação e tradução. Judas sabia o que tinha que fazer. Os demais não sabiam da missão de Judas.

Ao longo dos dias e meses seguintes, por não terem os demais Apóstolos compreendido a magnitude da missão de Judas, vieram os adjetivos pejorativos quando a tradição foi passada adiante e termos como "traidor" surgiram. No Antigo Testamento, não encontramos uma única menção ao nome de TRAIDOR. Encontramos profecias que isso aconteceria.

Judas não traiu Jesus, mas aos demais discípulos podemos aceitar que tenham sido traídos, sim. Eles (os onze) nunca poderiam imaginar que, depois de três ou quatro anos andando ao lado do Messias, ouvindo suas pregações e vendo seus milagres, poderia qualquer um dos doze se insurgir contra o todo-poderoso. O que nenhum deles se perguntou é quem faria cumprir as Escrituras. Jesus cometeria suicídio? Como Ele seria entregue para morrer? O ato de Judas foi tão importante para o Cristianismo que o próprio Cristo disse: **Agora, o Filho do homem é glorificado, e Deus é glorificado nele.** (João 13:31) (grifo meu).

Com base nos escritos originais em grego bíblico ou koiné, mostrarei que muitas foram as traduções de palavras e até de frases inteiras erradas. Uma passagem que reflete bem isso está em Mateus 26:50, quando Jesus diz: **Amigo, para que vieste?.** Uma pergunta retórica, também muito mal interpretada ao longo dos tempos. Será mesmo que o Filho do Homem não sabia o que estava rolando?

Em verdade, à palavra "amigo", no original — ἑταῖρε (hetaire) —, quer dizer "companheiro", atribuindo um condão de negatividade errado. A palavra parece, no Novo Testamento, ser sempre dirigida ao mal, embora seja em si uma expressão de afeto. Aqui, Cristo não usa reprovação; Cristo NUNCA fez deboche (isso é coisa de homem, não de Santo), até o fim Ele se esforça por bondade e amor para conquistar Judas pelo que ele faria depois de cumprir sua missão. Fato é que Judas se enche de remorso e se arrepende (explico isso adiante), seja por si próprio, seja por tamanha reprovação que recebe de todos e tenta devolver as 30 moedas que recebeu, por isso Jesus, conhecedor do ontem e do amanhã, chama Judas de amigo. Ele queria confortá-lo da dura realidade que Judas viveria depois que Jesus se fosse.

Para que vieste?. Mais uma expressão errada. No mundo acadêmico, há grande dificuldade em dar uma interpretação exata a essa expressão. Na versão autorizada, como a Vulgata, o texto se apresenta assim: *Ad quid venisti?*[*] Nela, não se sabe o porquê, está na interrogativa. Se consideramos no interrogativo, devemos entender. "É para isso que vieste?"[**]. Mas Cristo conhecia muito bem o significado da chegada de Judas, para fazer uma pergunta desnecessária.

No grego, há quatro sinais de pontuação: vírgula, ponto-final, ponto em cima e ponto e vírgula. A vírgula e o ponto-final são equivalentes aos sinais em português. O ponto em cima (') equivale aos dois pontos e ponto e vírgula ao ponto de interrogação. Assim temos: , = , . = . υ= θ = : ; = ? (REGA e BERGMANN, 2004).

A frase "para que vieste", originalmente, assim está escrita: Ἑταῖρε, ἐφ' ᾧ πάρει. Note que NÃO EXISTE o ponto e vírgula que poderia ser traduzido para o ponto de interrogação. Esta tradução, errônea, veio na Vulgata, depois para a King James e assim as demais versões de Bíblias copiaram.

Vários outros estudiosos explicam a frase como *faça isso*, ou *eu sei aquilo para o qual você veio*. Já Alford, Farrar

---

[*] No Grego, há quatro sinais de pontuação: vírgula, ponto-final, ponto em cima e ponto e vírgula. A vírgula e o ponto-final são equivalentes aos sinais em português. O ponto em cima (') equivale aos dois-pontos e ponto e vírgula ao ponto de interrogação. Assim, temos: , = , . = . υ= θ = : ; = ?

[**] A frase *"para que vieste"*, originalmente escrita: Ἑταῖρε, ἐφ' ᾧ πάρει, NÃO CONTÉM o ponto e vírgula que poderia se traduzido para o ponto de interrogação. Essa tradução errônea veio na Vulgata, depois para King James e, assim, as demais versões da Bíblia copiaram.

e outros (e aqui me incluo) consideram a sentença como inacabada, tendo sido a parte final suprimida, devendo ter sido assim traduzida: **Aquela missão para a qual tu vieste — completa**. A meu ver, em que pese o erro de tradução que demonstrei acima, tem mais coerência teológica que a frase seja uma afirmação do que Ele já sabia, em vez de uma dúvida. Jesus não tinha dúvida de nada no mundo espiritual, por isso fiz questão de frisar bem nos capítulos acima que Jesus é Deus. Com efeito, vários são os textos bíblicos (Antigo e Novo Testamento) que mostram que o Ungido sabia seu fim; sabia como seria e sabia quem o entregaria a Roma.

Para terminar este capítulo, é importante dizer que a proposta contida no livro é comprovar nas Escrituras e nas fontes acessórias que Judas não traiu Jesus, entretanto a pecha de *filho da perdição* ainda recai sobre ele, porque Cristo disse, em João 17:12: *"Quando eu com eles estava no mundo, em teu nome eu os guardava. Aqueles que tu me deste eu os tenho guardado; e nenhum deles se perdeu, a não ser o filho da perdição, para que a Escritura se cumpra"*. Ainda em João 6:70-71: *"Então Jesus acrescentou: Não vos escolhi, Eu, aos doze? Todavia, um dentre vós é um diabo"*.

Diante dessas duas premissas: a de que Judas não traiu Jesus e que Judas tinha sido dominado pelo diabo, temos que entender essa aparente confusão ou ambiguidade. No entanto, a questão é clara. O diabo entra em Judas depois da missão passada por Cristo e de cear com Ele, não antes (João 13:2-27). Essa questão temporal, narrada no Evangelho de João, é de suma importância para esclarecer se Judas agiu sob a influência do diabo ou de Deus.

Se o diabo tivesse entrado em Judas em qualquer outro momento antes de lhe ser revelado seu desígnio, ele estaria a serviço do mal; agora, como a Palavra deixa claro que o diabo somente entrou em Judas durante a ceia, após a ordem de Cristo e com Ele cear *"tão logo Judas comeu o pão, Satanás entrou nele..."* (João 13:27), demonstra que Judas cumpriu seu papel a mando do Salvador, mas, como pode acontecer com qualquer um de nós, a fraqueza espiritual o atacou e ele perdeu a luta entre o bem e o mal, não conseguindo se afastar do diabo.

Judas, embora tenha entendido fielmente sua missão, levou-a a cabo sem titubear um único momento, não conseguindo se desvencilhar do mal. Adão enfrenta isso. Davi enfrenta isso. Pedro também enfrenta isso. Pedro nega a Jesus e, depois de vê-lo ressurrecto, se afasta e volta à sua vida de pescar peixes e não mais pescar homens. Vários discípulos fogem. Judas também sucumbiu. A Bíblia não relata nenhuma maldade de Judas, salvo em João, mas registra seu remorso e seu arrependimento por receber as 30 moedas e relata, de forma controversa, sua morte. Se ele morreu por suicídio sem se arrepender, possivelmente o diabo venceu; se ele morreu por acidente e arrependido, hoje está no céu com Jesus.

CAPÍTULO 5

E AS 30 MOEDAS DE PRATA?

"Então um dos doze, chamado Judas Iscariotes, foi ter com os príncipes dos sacerdotes, e disse: Que me quereis dar, e eu vo-lo entregarei? E eles lhe pesaram trinta moedas de prata. E desde então buscava oportunidade para o entregar" (Mateus 26:14-16). Na tradição cristã, a "traição" de Judas a Jesus custou 30 moedas de prata. Mesmo a Bíblia não trazendo detalhes de qual moeda se tratava, a maioria dos estudiosos acredita que essa moeda era um shekel de Tiro, como a da foto.

Imagem real da moeda de prata.
(https://catalogue.bnf.fr/ark:/12148/cb41794330d)

Aqui, é necessária uma explicação mais técnica para entender que essa quantidade de moedas tinha um simbolismo e uma razão de ser, o que comprova também que a missão de Judas era entregar Jesus e não trair. Em Mateus 26:6-13, Jesus estando em Betânia, na casa de Simão, o leproso. Enquanto ele se reclinava, uma mulher entrou na casa com um coração arrependido, louvor, respeito e adoração a Jesus. Ela quebrou os costumes e se aproximou Dele com um caro frasco de perfume de alabastro. Ela o derramou sobre a cabeça do Messias e lavou os pés Dele com lágrimas.

Todos os homens presentes no evento ficaram espantados. Como Jesus se atrevia a deixar uma mulher qualquer tocá-lo? E como ela se atrevia a desperdiçar um frasco inteiro de perfume tão caro? Os discípulos ficaram indignados pelo desperdício desse presente extravagante, pois achavam que poderia ser vendido e ajudar os pobres. No entanto, quando Jesus ouviu as palavras, ele se virou e elogiou o coração da mulher e explicou que ela havia derramado o perfume para seu enterro, pois não poupou despesas para honrá-lo.

No versículo seguinte, Mateus revela Judas Iscariotes, um discípulo de Jesus que estava negociando e tramando secretamente com os principais sacerdotes por Jesus. Judas estava disposto a receber apenas 30 moedas de prata pela traição de seu mestre e verdadeiro rei. Uma mulher, uma pecadora que estava tão ciente de suas iniquidades, não poupou despesas em honrar a Cristo. No entanto, um discípulo e alguns homens que se achavam justos, que não precisavam ser salvos, tramaram sua morte pelo preço do enterro de um escravo, segundo a lei mosaica.

Na cultura hebraica, assim como na época de Cristo, trinta moedas de prata não era muito dinheiro. De fato, era o preço exato pago ao mestre de um escravo, quando esse escravo fosse chifrado por um boi (Êxodo 21:32). A fim de compensar a morte e o enterro de um escravo, foi escrito em lei que 30 moedas de prata seriam responsáveis pelo custo.

No Antigo Testamento, temos em Zacarias uma profecia que mais tarde é cumprida e ligada ao livro de Mateus. Daqui em diante, você verá a chave teológica inquestionável da atuação de Judas. Deus fez com que o profeta desempenhasse o papel de pastor e cuidasse de um rebanho *"destinado a ser abatido"* (Zacarias 11:4-14). Ele queria sua vida como uma forma de ilustrar como seria o julgamento contra Israel quando eles crucificassem seu Salvador.

Existem vários elementos aos quais precisamos prestar muita atenção nessa passagem que aponta para a profecia sobre Jesus. Aqueles para quem Zacarias trabalhava pagavam a ele o que achavam que valia o suficiente para a morte acidental de um escravo. Quando lhe deram as 30 moedas de prata, sua resposta foi cheia de zombaria e chamou de *"um preço bonito"* porque era tão pouco (Zacarias 11:13). No entanto, os empregadores pretendiam insultar propositalmente Zacarias e, em troca, Deus diz a ele para *jogá-lo ao oleiro*. Zacarias jogou o dinheiro na casa do Senhor para que fosse dado ao oleiro.

Os eventos que se desenrolaram em Zacarias (escrito mais ou menos 520 anos antes de Cristo) são uma profecia do que viria com a morte de Jesus, que estava disposto a morrer para o pecado por amor a você e a mim. E Judas foi o cara que propiciou que Cristo pagasse nossa dívida. Mas como Judas sabia da profecia de Zacarias? Ele sabia porque era, talvez, como disse no começo do livro, o único Apóstolo judeu da Judeia e tinha por hábito a frequência das sinagogas. Mas onde está o segredo? Você verá mais adiante que Judas não fala aos milicianos sobre valores para entregar Cristo. Ele espera uma confirmação espiritual da profecia, e ela vem quando os próprios líderes judeus espontaneamente, sugerem o valor que é idêntico ao escrito mais de 500 anos antes de Cristo.

Quando Judas Iscariotes negociou com os líderes de Israel pela entrega de Jesus, ele perguntou: *"O que você está disposto a me dar se eu o entregar a você?"*. Os líderes contaram que apenas *trinta "moedas de prata"* (Mateus 26:15). Nesse exato momento, Judas teve a certeza inequívoca do que tinha que fazer, porque os líderes religiosos lhe falaram exatamente o valor que ele precisava ouvir para fechar com a profecia de Zacarias. Veja que, no contexto do Novo Testamento, eles (Judas e os religiosos) não estavam falando sobre Zacarias para que esse valor fosse dito, tampouco Judas propôs o valor nem barganhou com eles. O valor simplesmente partiu unilateralmente daqueles que queriam encerrar com o poder de Jesus com medo de perderem o poder político e religioso.

Pense comigo: se Judas fosse realmente um avarento, ladrão, corrupto e que sua única paixão fosse o dinheiro, como o Evangelho de João relata, ele venderia o "cara" mais valioso de todo o Império Romano por uma mixaria de 30 moedas de prata? Não teria Judas tentado ficar rico com tal ato? Judas sabia do céu e do inferno porque ouviu Jesus pregar isso por três anos, diariamente. Será que mesmo assim ele aceitaria vender Jesus por tão pouco? O resultado (30 moedas) não condiz com a narrativa tradicional de um Judas corrupto, o que fortalece a tese de cumprimento da profecia de Zacarias e, por consequência, fortalece a tese deste livro de que Judas cumpriu a missão de entregar Jesus e nunca o traiu.

Mais tarde, quando Judas se sentiu culpado por entregar Jesus (obra do diabão acusador), mesmo sabendo ele que essa era sua missão (quantos de nós não temos hoje a certeza de ter que fazer algo e, depois que fazemos, achamos que fizemos coisa errada?), jogou tudo o que recebeu no templo (arrependido) (Mateus 27:3-5) e, assim, se cumpriu a profecia de Zacarias (Zacarias 11:12-13).

Então, os líderes usaram o dinheiro para comprar um campo de um oleiro EXATAMENTE como Zacarias havia predito (Mateus 27:6-10). Coincidência? Claro que não. Cumprimento de profecia. A missão de Judas foi tão bem orquestrada pelo Espírito Santo que ele fez cumprir uma profecia judaica quando nenhum dos demais judeus que seguiam Jesus tiveram a coragem de fazê-lo. Se todos os onze estivessem fechados com o desígnio maior de Cristo, quando Ele diz que *"um de vocês vai me trair"* (João 13:21-38), no lugar de ficarem um olhando para a cara do outro querendo saber quem seria o "monstro", teriam dito "Eu, senhor, o entregarei. Deixe comigo, Jesus!" Mas não, todos se acovardaram ou não tinham recebido essa missão específica, o fato é que só Judas se propôs a fazê-lo.

Em seu livro *Antisemitism and Modernity*[*], o estudioso judeu Hyam Maccoby (2006, p. 14) sugere que, no Novo Tes-

---

[*] MACCOBY, Hyam. *Antisemitism and Modernity*. 1st Edition. Routledge Jewish Studies Series, 2006.

tamento, o nome "Judas" foi "construído como um ataque aos judeus ou ao sistema religioso judaico responsável pela execução de Jesus". Em seu livro *The Sins of Scripture**, John Shelby Spong (2009) concorda com esse argumento, insistindo que "Toda a história de Judas tem a sensação de ser inventada ... O ato de traição por um membro dos doze discípulos não foi encontrado nos primeiros escritos cristãos. Judas é o primeiro colocado na história cristã pelo Evangelho segundo Marcos (3:19), que escreveu nos primeiros anos da oitava década da Era Comum".

Os estudiosos, e até mesmo a Igreja sustentam outras teses sobre Judas. Por exemplo, há quem diga que seu nome deriva dos *sicarii,* manejadores de adagas ou assassinos. Que era um bando de terroristas religiosos da época, mas, tal teoria cai por terra uma vez que esses sicários, ou zelotes, não representavam a Jesus problema algum. Ao seu lado andava um zelote, Simão (Lucas 6:15). Além disso, acredito que, se Judas fosse sicário (diria um ramo mais radical dos zelotes), teria ele mesmo matado Cristo em meio a uma multidão, no lugar de entregá-Lo às autoridades religiosas.

Outra corrente seria que Judas, por ser o único Apóstolo judeu da Judeia (ou seja, mais ortodoxo) e, após ter percebido que Jesus não era aquele messias bélico falado nas antigas escrituras, decidiu entregá-Lo para que a "farsa" acabasse, tese que é desmontada pelos fatos de remorso e arrependimento apresentados na

---

* SPONG, John Selby. *The Sins of Scripture: Exposing the Bible's Texts of Hate to Reveal the God of Love.* Paperback, 2006.

própria Bíblia (Mateus 27:3-5). O fato de as 30 moedas serem o preço de indenização por um escravo morto não me parece ser coincidência também. Temos que lembrar que Jesus é o cumprimento da Lei mosaica e ele mesmo se coloca como servo (escravo).

Em suma, o significado das 30 moedas de prata não apenas liga o Antigo Testamento ao Novo Testamento como também revela como Judas havia sido preparado por Jesus, que estava disposto a se humilhar e se oferecer na cruz, para comprar o que nunca poderíamos pagar. Deus atuou de forma poderosa aqui. Ele fez os romanos comprarem por 30 moedas de prata a morte de Seu filho que carregou, por essa bagatela, todas as nossas iniquidades. Deus nos mostra o quanto é fácil e barato se livrar do pecado. Basta seguir o filho d'Ele. Uma lição teológica maravilhosa, forte e contundente que eu nunca vi um único teólogo pregar.

CAPÍTULO 6

POR QUE O BEIJO?

"E o que o traía tinha-lhes dado um sinal, dizendo: o que eu beijar é esse; prendei-o" (Mateus 26:48). O beijo tem um significado mais profundo do que um ato de traição. O beijo demonstra que foi uma entrega e não traição. Sabemos que Jesus era, naquele momento, talvez um dos caras mais conhecidos em boa parte do império romano, imagino que os soldados não teriam muita dificuldade em encontrá-Lo e reconhecê-Lo.

O beijo tem um significado teológico, já que Jesus precisou ser identificado porque se "misturava" com suas ovelhas, por ser quem servia; e essa posição de servo não combinava muito com o conceito de liderança da época. Ora, se Jesus fosse diferente de seus amados discípulos, era só Judas dizer: "Prendam aquele que tem uma capa dourada, ou aquele que dorme em uma tenda enquanto todos os outros estão de fora, ou aquele que come enquanto os outros ficam com fome".

Se Judas não fez dessa forma, penso que é porque Jesus não tinha uma capa diferente daquelas dos seus discípulos, não dormia em uma tenda enquanto seus discípulos ficavam ao relento, não comia enquanto seus discípulos passavam fome e, muito menos, se portava diferentemente dos demais. Em verdade, O BEIJO DE JUDAS é mais uma confirmação de que ele não praticou traição alguma, e sim uma entrega, e com o aval do Filho de Deus.

Aqui, cabe uma crítica para aqueles que são líderes religiosos dentro de qualquer religião que prega o cristianismo. Não se coloquem acima das suas ovelhas, não se encham de regalias e mordomias enquanto seu rebanho passa necessidade e sofrimento, não se coloque como o centro das atenções em vez de ser o mais servo de todos. Sirva e se misture ao seu rebanho, não cheire suas ovelhas, antes tenha cheiro de ovelha. Jesus, mesmo sendo "o cara" da época, sempre fez questão de ser igual. Ele lavou os pés dos discípulos, quando os próprios discípulos achavam que isso não podia acontecer, porque queria *"ter parte conosco"*, daí o recado do beijo.

Não consigo entender a quantidade de magnatas do púlpito vivendo uma explícita ostentação enquanto suas ovelhas morrem com necessidades cada vez mais básicas. Jesus não foi assim. Chore, clame e cuide de suas ovelhas, afinal, antes de serem suas ovelhas, elas são as amadas ovelhinhas do Senhor Jesus, e Ele cobrará de cada um de nós o cuidado que estamos tendo com suas ovelhas.

O beijo foi mais uma das várias metáforas que Cristo usou durante todo o seu ministério. Uma metáfora destinada aos dias atuais. Ele, Cristo, como o Filho do Homem que o era, sabia que hoje teríamos líderes religiosos que não tratariam seus seguidores como ovelhas, e sim como negócio. Com o beijo recebido, Jesus mandou um recado: o líder não é mais do que o liderado.

Além desse significado teológico forte, o beijo de Judas tem uma relação de carinho. Mostra a grande intimidade que ele tinha com Jesus. Você conhece outro Apóstolo que tenha beijado o Cristo? Não tem. Só sua mãe e seu pai José (ambos sem relato bíblico, mas deduzo por conta da paternidade terrena), Madalena (Lucas 7:38) e Judas o beijaram.

O ósculo, isto é, o beijo, tem uma significação que, com frequência, fala mais alto que as palavras. Assim, o ósculo é usado para expressar afeto, respeito, homenagem, saudação, despedida, gesto cerimonial, sinal de intuito pacífico, sinal de respeito religioso, ou mesmo intuito sedutor. O beijo era usado nos dias patriarcais, como uma saudação (Gênesis 29:13), ou como sinal de afeto (Gênesis 27:26-27). Também era sinal de amizade, quando se saudava alguém na chegada ou na partida (2 Samuel 20:9; Tobias 7:6; 10:12; Lucas 7:45, 15:20; Atos 20:37; Mateus 26:48).

No Antigo Testamento, o substantivo *beijo*, do hebraico *neshîqâ*, procede de uma raiz primitiva (*nashaq*) cujo significado básico é pegar fogo, queimar, acender, com a ideia de fixar, amarrar. No hebraico, o verbo "beijar" significa literalmente tocar levemente. No grego do Novo Testamento, o vocábulo para beijo deriva-se de *phileo*, amor, amizade e afeição.

O beijo era um costume presente em diversas situações e com significados variados, a saber: no círculo familiar, era uma forma de carinho e afeto entre os parentes (Gênesis 31:28; Rute 1:9). Nos relacionamentos entre as pessoas, era símbolo de respeito (Êxodo 4:27; 1 Samuel 10:1), saudação (Gênesis 29:13; 2 Samuel 19:39), lealdade e dignidade (2 Samuel 19:39), lamento (Gênesis 33:4; Rute 1:14), mas também de amor entre os cônjuges (Cânticos dos cânticos

1:2; 8:1), o que, obviamente, não é o caso. Ele representava também a maior expressão do amor romântico, de acordo com Provérbios 24:26, como também do amor fraterno entre os membros da Igreja de Cristo (Romanos 16:16). A Bíblia refere-se ao beijo nos lábios (Provérbios 24:26), nas mãos (Jó 31:27), nos pés (Lucas 7:38-45) etc.

EM NENHUM LUGAR NAS TRADIÇÕES, NAS ESCRITURAS NEM NA CULTURA DO PERÍODO BÍBLICO, TEMOS O BEIJO COM O SENTIDO DE TRAIÇÃO. Esse significado só é encontrado em parte dos Evangelhos cujos escritores, repito, são seguidores dos Apóstolos que sequer sabemos quais estiveram presentes nos fatos, no entanto, foram eles que os colocaram no papel cerca de 65 a 80 anos depois da morte de Cristo.

O que significa um beijo no rosto para os judeus? Uma das definições de *NaSHaK*, no dicionário Even--Shoshan, diz: *"Tocou e trouxe seus lábios perto de alguém ou algo em uma expressão de amor, amizade ou respeito, ou por um sentimento de grande atração"**. Hoje, a forma mais usada para beijar é *NiSHeK***; *NaSHaK* tem um sen-

---

* Dicionário de hebraico monolíngue Evan shoshan. Café com Hebraico, 2012. Disponível em: https://cafecomhebraico.wordpress.com/category/dicionario-de-hebraico-monolingue-even-shoshan

** Qual o significado do beijo no rosto? "Beijo no rosto significa amizade. O beijo no rosto é uma das mais antigas formas de demonstrar carinho. Existem muitas variações na maneira de beijar no rosto. Em alguns lugares como, por exemplo, na França e em alguns países da Europa Oriental, no mundo árabe, aqui no Brasil, os homens ao cumprimentarem se beijam nos dois lados do rosto".

tido mais literário, poético e antigo e era esse o tipo de beijo dado por Judas. Portanto, qual o significado do beijo no rosto?

> *"Beijo no rosto significa amizade. O beijo no rosto é uma das mais antigas formas de demonstrar carinho. Existem muitas variações na maneira de beijar no rosto. Em alguns lugares, como na França e em alguns países da Europa Oriental, no mundo árabe, aqui no Brasil, os homens, ao cumprimentar, se beijam nos dois lados do rosto"* (SPONG, 2009).

Vejam que essa história de beijo de Judas ser um ato de traição é uma criação literária que nunca antes, nem nunca depois — desde o Éden até hoje — ouvimos outra história igual. Somente Judas, em toda a história da humanidade, usou o beijo no rosto como ato de ódio. Muito peculiar para ser verdade.

O beijo expressa proximidade e gratidão, demonstra querer bem, manifesta perdão, sela pedidos de desculpa. Beijo é reverência nas mãos ungidas do sacerdote. Paulo recomendava desde as primeiras comunidades: *"Saudai-vos uns aos outros com o beijo santo"* (Romanos 16:16) e ele aprendeu isso com todas as informações que recebeu da história de Cristo e de seus Apóstolos, posto que Paulo contava com cerca de 28 anos quando da morte de Cristo, ou seja, mesmo antes de sua conversão, ele viu o Messias em ação.

Finalizo a tese de que há grave erro na tradução histórica, analisando um texto muito importante. O texto é Lucas

22:48. Nas traduções atuais, está assim: *"E Jesus lhe disse: Judas, com um beijo trais o Filho do homem?"*. No entanto, o original diz assim: Ἰησοῦς δὲ᾽ εἶπεν αὐτῷ· Ἰούδα, φιλήματι τὸν υἱὸν τοῦ ἀνθρώπου παραδίδως (REGA e BERGMANN, 2004). A Bíblia Interlinear (Ibidem)* traduz para o inglês da seguinte forma: **Jesus** Ἰησοῦς ***moreover*** δὲ **said** εἶπεν **to him** αὐτῷ **Judas** Ἰούδα **with a kiss** φιλήματι **the** τὸν **Son** Υἱὸν - τοῦ **of man** ἀνθρώπου**are you betraying** παραδίδως.

A última palavra do texto no grego "**παραδίδως**", cuja pronúncia é paradídōmi (par-ad-id'-o-mee), tem todos esses significados: **entregar nas mãos (de outro); transferir para a (própria) esfera de poder ou uso; entregar a alguém algo para guardar, usar, cuidar, lidar; entregar alguém à custódia, para ser julgado, condenado, punido, açoitado, atormentado, entregue à morte; entregar alguém para ser ensinado, moldado; confiar, recomendar; proferir verbalmente comandos, ritos; proferir pela narração, relatar; permitir quando produza fruto, isto é, quando sua maturidade permitir; entregar-se, apresentar-se** (Ibidem). Assim, facilmente podemos concluir que Judas teria entregado Jesus e não traído.

---

* *Novo Testamento Interlinear Grego-Português*. 2ª Edição: Edição Acadêmica, de Sociedade Bíblica do Brasil. Editora Sociedade Bíblica do Brasil, 2019.

CAPÍTULO 7

JUDAS, UM DISCÍPULO FIEL

Imagine que você ficou andando durante uns três ou quatro anos ao lado do Filho de Deus, vendo-o curar doentes, levantar paralíticos e até ressuscitar mortos, e Ele o designa para encomendar a morte dele. Como você se sentiria?

Jesus contando a Judas a missão dele.

Pedro foi chamado para pregar para gentios, missão tensa (Atos 15:7-19). João Batista (que não foi discípulo) tinha a missão dura que o matou para preparar a vinda do Messias. Tiago, o Justo, o meio-irmão de Jesus e que também não era Apóstolo, mas que creu em Cristo em sua ressurreição (1 Coríntios 15:7), teve a missão de liderar a Igreja de Jerusalém (Atos 12:17, 21:18; Gálatas 1:19). Mateus, diante do caráter essencialmente evangelístico do Evangelho com seu nome, nos permite dizer que levou a cabo a missão de fazer discípulos (dada a todos) relatado no final de seu evangelho (Mateus 28:16-20) e por aí vai. Todos os doze tinham as missões genéricas, tratadas no capítulo 3 deste livro, mas também tinham suas missões específicas. Por que Judas seria o único dentre os doze a não ter missão alguma? Não tem lógica. Qual seria o papel teológico de Judas se sua missão fosse trair Jesus?

Judas recebeu, talvez, a missão mais árdua de todas. Entregar o Escolhido para ser morto. Assim, deve ter ficado arrasado. Mas Judas, com a capacidade intelectual que tinha, não discutiu com o Senhor. Ele aceitou o próprio sacrifício e entendeu que sua missão seria levar Jesus ao encontro de sua morte. Não temos nenhum relato bíblico sobre o que vou afirmar agora, mas, diante da fé que tenho em Deus e na certeza de que Ele é grande e misericordioso com os que Lhe servem, tenho plena convicção de que, em algum momento, Ele enviou um de seus anjos a Judas, assim como fez para acalmar o coração de José, marido de Maria, e lhe explicou seu desígnio, ainda que ele tenha permitido a proximidade do diabo em sua vida em um determinado momento.

A Bíblia relata que Judas cumpriu seu dever, mas não estava nada à vontade. Em um primeiro momento, foi durante a última ceia que Judas sequer espera seu fim e logo se levanta para ir fazer seu trabalho. Depois, ele tenta devolver as 30 moedas de prata, revertendo seu destino; obviamente, não funcionou e não deu certo simplesmente porque esse era o plano do Próprio Deus. Você se lembra que Jesus pede ao Pai que, se fosse possível, o afastasse de todo o sofrimento que teria? *Indo um pouco mais adiante, prostrou-se com o rosto em terra e orou: "Meu Pai, se for possível, afasta de mim este cálice; contudo, não seja como eu quero, mas sim como tu queres"* (Mateus 26:39).

Veja que Judas quase nada fez durante o ministério de Jesus (ao menos não temos relatos nos evangelhos canônicos, somente no apócrifo que leva seu nome). Não foi famoso como Pedro, nem tinha o espaço de João, tampouco era eloquente como Paulo, muito menos era o braço direito de Cristo como Maria Madalena. Teve uma passagem discreta, serena, quase inexistente, porque ele sabia desde o primeiro momento que seu ato seria único e um dos mais importantes de toda a história do Cristianismo.

Sei que trazer Judas como uma pessoa que trabalhou em favor de Cristo é uma pegada nova e ousada e, por óbvio, confronta, de certa forma, o Evangelho, mas tem sentido. Vou mostrar agora como esse ódio por Judas se deu de forma crescente e pontual. O primeiro Evangelho escrito teria sido o de Marcos e, nele, o que se fala de Judas é muito pouco, em verdade quase nada. O Evangelho diz que ele era traidor e só. O escritor de Mateus sobe o tom e diz que, além de traidor, Judas seria ganancioso. Em Lucas, o tom sobe um pouquinho mais, e temos que Judas estaria possuído pelo diabo. Por fim, vem João, que, como já disse neste livro, era o Apóstolo amado e muito próximo de Cristo. Nesse Evangelho, temos os adjetivos mais duros e Judas é tido como endemoninhado, ganancioso e ladrão (João 12:4-6).

Com esse simples resumo dos Evangelhos, vemos que as formas como escreveram sobre Judas começam amenas e progridem de forma pesada e nervosa no decorrer dos tempos, chegando ao Judas de hoje. Lembra-nos aquele ditado popular: quem conta um conto, aumenta um ponto. A questão aqui posta é como a história chegou com a tradição. Durante o ministério de Cristo, as informações já eram desencontradas. Não preciso dizer que nenhum dos Apóstolos tinha celular nem WhatsApp. Quando Jesus morre, todos seguem rumos diferentes e começam a trabalhar o "IDE" determinado pelo Messias, fazendo agora os Apóstolos os próprios discípulos. Cada Apóstolo seguiu para um determinado local físico (não foram todos para a mesma região) e começaram a pregar. Com o tempo, foram morrendo e seus ensinamentos passados adiante, no entanto sem deixarem nada ou quase nada por escrito.

Diante dessa realidade, não discordada por nenhum estudioso do tema, inúmeras versões de um mesmo assunto começaram a surgir. Não tinham mais uma resposta única para cada pergunta, surgindo assim diversas correntes derivadas das ideias e dos relatos originais de Cristo e, principalmente, de Suas ações. Resultado: sem entrar no mérito da inspiração do Espírito Santo na escrita, hoje a arqueologia nos mostra que ao menos trinta evangelhos distintos tratavam também da caminhada de Jesus entre nós. Tantos outros escritos apócrifos também foram encontrados mostrando as condições sociopolíticas e econômicas da época. Somente depois desse tempo conturbado de inúmeras informações flutuantes, os Evangelhos que temos hoje foram colocados no papel. O Espírito Santo inspirou os escritos e disso não tenho dúvida, no entanto seu compêndio no cânone atual foi ato humano e político e direcionado pela Igreja. Essa é a questão.

Desses vários escritos acima explicados, somente os quatro Evangelhos mundialmente conhecidos foram reconhecidos pelos líderes religiosos da época como não hereges ou não apócrifos. Todos os outros, rechaçados. Aqui eu tenho alguma dificuldade em relação ao campo das ideias, pois os motivos que fizeram alguns homens decidirem por este ou aquele livro são extremamente subjetivos e, como já disse, influenciados pelos dogmas da Igreja (estabelecidos) e pelo Império, que tinha que manter domínio sobre os insurgentes cristãos. Tomé teve texto excluído; Pedro teve texto excluído; Madalena teve texto excluído; e esses foram Apóstolos que andaram com o próprio Cristo.

Veja que o que digo é tão factível que o cânone original fechou com 73 livros e séculos depois. Os protestantes, em uma ação não muito diferente do que aconteceu quando da confecção do cânone original, retiraram sete livros (Tobias, Judite, 1 e 2 Macabeus, Sabedoria de Salomão, Eclesiástico e Baruc), por entenderem serem apócrifos. Lembram-se de que narro lá no começo do livro que foi o Bispo de Lyon quem refutou vários livros por também os entender como apócrifos ou heréticos?

Não há dúvida entre historiadores sobre quem escreveu os canônicos, a dúvida vem de quem teria escrito o Evangelho de Judas. Provavelmente, o Evangelho de Judas foi redigido por um discípulo dele (e aqui temos algo interessante: Judas teve discípulos), vindo de algum grupo variante do Primeiro Cristianismo. Esse é um fato histórico e notável que nos faz repensar. Alguns estudiosos dizem ter sido dos gnósticos a origem dos discípulos de Judas, em um tom pejorativo.

Entretanto, o gnosticismo nunca foi algo rejeitado ou herege, e sim um grupo de pensadores do Cristianismo pós-Cristo. Os gnósticos vieram muito depois da morte de Jesus e sustentavam que a salvação viria mediante o CONHECIMENTO individual de Deus. *Gnosis*, em grego, significa conhecimento. Lembra-se do motivo pelo qual Jesus disse aos Apóstolos porque precisava morrer (João 13:18). É exatamente disso que estou falando. Conhecimento.

Desde Gênesis 3:15, Deus promete que enviaria um Salvador para derrotar a serpente. Assim, enviou seu filho: *"Aquele que não conheceu pecado, Deus o fez pecado por nós, para que, Nele, fôssemos feitos justiça de Deus"* (2 Coríntios 5:21). Sendo de um grupo gnóstico ou não, o fato comprovado pela ciência é que seguidores de Judas deixaram escritos sobre ele que começam a mudar a história, mas não a razão da Bíblia.

Aqui ressalto um ponto interessante. Se Judas morreu por suicídio tão cedo como diz um dos Evangelhos, como teria tido tempo de fazer discípulos? A resposta, a meu ver, é clara. Ele não morreu tão cedo como afirma o Evangelho de Mateus, e sim tempos depois, como está escrito em Atos dos Apóstolos. Esse tempo a Bíblia não revela, mas foi tempo suficiente para fazer discípulos que escreveram o Evangelho de Judas e isso é um fato cientificamente comprovado, como a arqueologia bíblica moderna trouxe. Assim, as coisas têm mais sentido.

Analisando a história dessa forma, os atos de Judas se completam, têm sentido; Jesus e Deus se mantêm em sua completa magnitude. Assim, Judas deixa de ser visto com aquela imagem tradicional e passa a ser contemplado da forma como deveria ser: um Apóstolo.

Na perspectiva moderna, científica e teológica que trago neste livro, Judas deixa de ser um TRAIDOR e reassume seu papel de Apóstolo, que, assim como os demais onze, tinha uma missão para que o Evangelho chegasse até hoje. Judas, por suas peculiaridades, teria sido o único Apóstolo que teve a coragem de conduzir até o fim sua missão de ENTREGAR o Messias à morte. Judas, com sua atitude, em verdade, libera o Espírito de Jesus. Ele proporciona a separação da carne.

Nesse ato não tem traição alguma. Por certo, Judas, em pleno cumprimento do que determinou o Messias, o ENTREGA aos algozes, mesmo ciente de que seria ele para toda a história injustiçado. Para mim, é certo que Judas tinha por missão ENTREGAR o Cristo. Judas foi, como TODOS que seguiram, praticaram, viveram e morreram por Cristo, um grande homem.

CAPÍTULO 8

FILHO DA PERDIÇÃO OU TRAIDOR?

Neste capítulo, enfrentamos uma aparente contradição teológica (digo aparente porque a Bíblia não tem contradição alguma), que eu não poderia deixar de enfrentar, sob pena de ferir a fidelidade do livro. A Bíblia chama Judas de "filho da perdição" e chama de traidor. Onde está, então, o dilema? A resposta é que quem fala que é traidor foi um homem (ou um tradutor) e quem chama de filho da perdição foi Jesus.

Esse tema é deveras importante ser abordado porque muitos reputam a traição ao fato de Judas ser chamado de filho da perdição, quando veremos que não é isso. Para que tenha uma compreensão melhor, vou trazer uns fundamentos de textos do Novo Testamento que são baseados no Antigo Testamento.

Em Atos 1:25 — Judas abandona o ministério — e isso às vezes é invocado como prova de que ele caiu da graça. Mas a primeira parte do versículo deixa bem claro que JUDAS CAIU DO SEU MINISTÉRIO E APOSTOLADO, e não da graça. Isso levanta a questão: por que havia um Judas no apostolado? A resposta divina à nossa pergunta é fornecida em João 17:12, no qual Cristo nos diz que *"o filho da perdição foi perdido para que **se cumprissem as Escrituras**"* (grifo meu). Por isso, Judas foi chamado.

Aqui está a máxima do que tenho defendido. Não posso em absoluto dizer que Judas foi salvo, mas também não posso afirmar que não o tenha sido. A Bíblia não nos permite sugerir nada de concreto nesse sentido. Qualquer afirmação seria leviana.

A referência que João fez era a Salmos 41:9 e passagens semelhantes. Quando essa PROFECIA foi proferida, parecia quase incrível que o Amigo dos pecadores fosse "traído" por alguém íntimo d'Ele. Mas nenhuma palavra de Deus pode cair por terra. Havia sido escrito que *"meu próprio amigo íntimo, em quem eu confiava, que comia do meu pão, levantou contra mim o calcanhar"*, e o filho da perdição foi perdido PARA QUE SE CUMPRISSE A ESCRITURA. É isso! Não temos contradição alguma. Temos duas coisas distintas na mesma pessoa.

Vamos mais uma vez ao original hebraico dessa expressão do salmista, que é usada por muitos teólogos para expressar a traição de Judas no Novo Testamento, no entanto a expressão NADA LEVA À INTERPRETAÇÃO DE TRAIÇÃO. A expressão *levantou contra mim o calcanhar* quer dizer מוּקָל: חִיסוּי-אֵל, que traduzido ao português significa levantar, erguer, permanecer de pé, ficar de pé, pôr-se de pé, calcanhar, retaguarda, pegada, parte de trás, casco, retaguarda de uma tropa, passo, ou seja, NADA, ABSOLUTAMENTE NADA, que sugira traição.

Havia uma profecia no Antigo Testamento e ela tinha que ser cumprida. Judas foi escalado para que ela fosse cumprida nele e, mesmo sendo um filho da perdição como afirmou Jesus, ele cumpriu seu papel. É possível que uma pessoa que tenha recebido de Deus uma missão, escolha, a qualquer tempo, outro caminho. Quantas pessoas você e eu conhecemos que eram do bem e foram para o mal? Quantos padres, pastores, rabinos, sacerdotes, judeus, entre outros, passaram décadas seguindo Deus e fazendo cabalmente Seus mandamentos e, em um piscar de olhos, permitiram que o diabo os dominasse? Ao contrário, quantos conhecemos, como o bandido ao lado de Cristo na cruz, que tiveram uma vida de pecado e terminaram no céu? A sentença "filho da perdição" é um semitismo, uma expressão comum entre os judeus que transmite o sentido de expressar o destino, a característica ou qualidade de alguém.

É importante entender que, nessa frase de João 17:12, Jesus não estava dizendo que todos foram guardados exceto Judas, como se nesse caso Ele próprio houvesse falhado na missão que o Pai lhe havia conferido. Ao contrário disso, Jesus está dizendo que **todos** foram guardados, mas o filho da perdição de fato se perdeu (depois de cumprir sua missão), conforme havia sido profetizado nas Escrituras, isto é, conforme o decreto eterno de Deus.

Entendemos melhor essa questão na oração dos Apóstolos registrada no livro de Atos, quando o lugar deixado por Judas foi ocupado pelo Apóstolo Matias, em que lemos: *"Tu, Senhor, conhecedor dos corações de todos, mostra qual destes dois tens escolhido,* **para que tome parte neste ministério e apostolado, de que Judas se desviou,** *para ir para o seu próprio lugar"* (Atos 1:25) (Grifo meu). Vejam que Judas se desvia **do ministério**, por isso afirmei anteriormente que não podemos julgar se ele foi ou não salvo. A Bíblia não afirma isso. Ele pode ter se desviado do ministério e, em algum outro momento, ter se arrependido de todo o seu coração e ainda ter sido salvo, ou pode ter permanecido nas garras do inimigo até sua morte. Talvez nunca saibamos antes de estarmos fisicamente com Jesus.

Portanto, a expressão "filho da perdição" significa alguém absolutamente perdido, que, por sua completa oposição e rebelião ao Senhor, está designado para a perdição eterna, caso não se arrependa. *In casu*, temos o relato bíblico de que houve remorso de Judas quando da tentativa de devolver as moedas de prata. Depois fica claro seu arrependimento registrado quando ele atira as moedas desfazendo-se delas. Isso sugere que Judas tenha tentado reagir por ter permitido que o diabo entrasse em seu corpo após a ceia. Por outro lado, é possível que ele tivesse vivido até sua morte efetivamente afastado de Cristo. Até o ato de morrer de Judas é dúbio, como veremos no próximo capítulo.

Sendo assim, o que fica claro da hermenêutica é que Judas se permitiu ser usado pelo diabo em ao menos um momento. O Evangelho segundo João diz que ele roubou as receitas do ministério. Mateus, diz que ele queria o dinheiro do perfume que foi passado nos pés de Jesus, mas o próprio Cristo nunca confirmou tais narrativas. O que Cristo pessoalmente diz é que Judas foi o filho da perdição, ou seja, se permitiu ser usado pelo diabo. Já quanto à traição, como disse antes, ela ocorre com relação aos discípulos que nunca esperavam que um dos Apóstolos fosse entregar o Escolhido para a morte, mas quanto a Cristo este não foi traído porque sabia a missão de Judas que Ele mesmo determinou.

Portanto, não é correto dizer que por Judas ter caído do seu ministério ele teria praticado a traição contra Cristo, até porque não existe traição e sim entrega, como já provei. Pedro também caiu. Negou Jesus, e o próprio Cristo repelindo o diabo nele: *"Para trás de mim, Satanás! Você é uma pedra de tropeço para mim, e não pensa nas coisas de Deus, mas nas dos homens"* (Mateus 16:23).

Desde o Antigo Testamento, vemos exemplos de homens segundo o coração de Deus (como Davi), que pecaram e, depois, retomaram seu caminho; outros, que não retomaram. Aqui não podemos concluir que Judas tenha morrido na perdição, nem mesmo com base em sua morte, pois a forma também é discutível.

CAPÍTULO 9

COMO JUDAS MORREU?

Em uma perspectiva teológica, as citações do Novo Testamento NÃO POSSIBILITAM provar que houve suicídio. As narrativas do Evangelho de Mateus e de Atos mais parecem uma espécie de *midrash*, ou seja, houve uma pesquisa pelos autores desses livros em textos antigos para escreverem o que está contido ali.

Akeldama – campo onde Judas teria morrido (foto: Hadaxy, https://creativecommons.org/licenses/by-sa/3.0/deed.en, p&b)

Digo isso, primeiro, por causa do estilo literário, também pela clara alusão a 2 Samuel 17:23 (enforcamento de Equidofel) e Sabedoria 4:19 (morte dos ímpios). Analisando o Antigo Testamento, vemos que o Novo se refere nessas passagens a conteúdos contidos nos livros de Zacarias 11:12-13, como já demonstrei exaustivamente. Com isso, essas tradições sobre a morte de Judas não são possíveis de reputar como um dado historicamente confiável. No máximo, é possível dizer que Judas morreu de forma drástica ou violenta. Somente.

A Bíblia traz duas formas de morte para Judas: ele se matou — *"Então, Judas jogou o dinheiro dentro do templo e, saindo, foi e enforcou-se"* (Mateus 27:5) — ou sofreu um terrível acidente — *"Com a recompensa que recebeu pelo seu pecado, Judas comprou um campo. Ali caiu de cabeça, seu corpo partiu-se ao meio, e as suas vísceras se derramaram"* (Atos 1:18).

Para uma conclusão inequívoca se Judas foi salvo ou não, necessitaríamos de uma certeza de seu arrependimento ou não e da forma de sua morte. Se por suicídio e sem arrependimento, possivelmente estaria no inferno; se por acidente e arrependido, voltamos para a incerteza do capítulo anterior deste livro.

Embora sejam falácias, alguns fazem questão de tentar conciliar esses dois relatos, sugerindo que Judas se enforcou e, depois, a corda se rompeu, ou que ele permaneceu pendurado ali por tanto tempo que seu corpo se decompôs, uma tentativa literária fraca para enfrentar esse tema. Mesmo assim, isso ainda não resolve o problema de um relato dizendo que os sacerdotes compraram o campo depois que Judas morreu, e o outro diz que Judas comprou o campo antes de morrer. Veja que há fortes dúvidas quanto à forma e ao tipo da morte de Judas, o que nos impede de qualquer tipo de julgamento.

Pode ser que um dos escritores tenha se enganado com um detalhe. Também pode ser que as circunstâncias tenham sido complicadas o suficiente para que ambos os escritores estivessem corretos. Mas considere isto: ambos os relatos foram escritos décadas após a morte de Judas;

Mateus nem Lucas estavam presentes no acordo de Judas com os inimigos de Jesus, portanto não teriam como precisar a seus seguidores. Como Judas estava morto, muitas das informações teriam que vir das pessoas que fizeram o acordo para matar Jesus. Então, talvez não devêssemos nos surpreender que os detalhes sejam tão nebulosos.

Como forma de complemento histórico dos pouquíssimos relatos sobre a morte de Judas, temos alguma coisa nas tradições, especificamente em Pápias de Hierápolis, que foi um bispo e autor cristão que viveu, aproximadamente, entre os anos 70 e 140 d.C. É conhecido por sua obra de cinco volumes: *A Exposição das Palavras do Senhor*, que fornece um dos nossos primeiros relatos sobreviventes de algumas das palavras de Jesus.

Ele foi contemporâneo dos Apóstolos João e Filipe e conheceu Policarpo, outro pai da Igreja primitiva. O trabalho de Pápias fornece informações valiosas sobre as crenças e práticas cristãs primitivas. Por exemplo, ele menciona que Mateus escreveu as palavras de Jesus em hebraico, enquanto Marcos registrou suas ações. Ele também descreve como a tradição oral foi usada para transmitir as palavras de Jesus de uma geração para outra.

É de Pápias que aprendemos que o Evangelho de Marcos é baseado na pregação de Pedro. Pápias também afirma que Judas Iscariotes não morreu do enforcamento real, mas de sua queda quando foi cortado e se abriu ao atingir o solo. Dessa forma, Pápias harmoniza Mateus 27:5 e Atos 1:8. Embora o trabalho de Pápias seja, às vezes, criticado por sua falta de precisão, ele oferece um vislumbre fascinante dos primeiros dias do Cristianismo, assim como Flavio Josefo que, em suas obras *A GUERRA DOS JUDEUS* e *ANTIGUIDADES JUDAICAS* fornece informações preciosas de como era a sociedade judaica na época do século I, bem como o divórcio do cristianismo do judaísmo. Outra fonte histórica que corrobora bem o contexto trazido neste capítulo está no evangelho de Nicodemos, mas já temos aqui o suficiente.

Por fim, diante das evidências contidas nos próprios Evangelhos, corroboradas pelas fontes apócrifas e históricas, atrevo-me a dizer que ele não teria se suicidado como diz um dos Evangelhos canônicos. O Evangelho sobre Judas, escrito gnóstico do segundo século, assim como os outros que aqui cito, devem ser vistos como peças importantes no quebra-cabeça dos primeiros anos do Cristianismo.

Não prego aqui o afastamento da humanidade, tampouco o abandono do convívio religioso - longe disso. Digo que temos que manter nosso foco e fé em Cristo e que o homem não nos tire desse caminho. Jesus nos ensinou isso com o caso de Judas. Ele e Judas sabiam o que tinha que ser feito e ambos sabiam que o diabo em certo momento viria, no entanto Jesus não perdeu o foco e aceitou seu destino porque era a vontade do Pai. Assim, temos que ser hoje. Muitos tentaram nos tirar do caminho, mas o alvo tem que ser mantido.

O âmago deste livro está aqui exposto. Não podemos transformar Judas em herói e não podemos aceitar que ele tenha traído Cristo. Judas permitiu que o diabo entrasse nele e o retirasse do ministério, mas, antes disso, cumpriu sua nobre missão designada por Deus. O futuro de Judas, se foi para o céu ou para o inferno, isso sim é uma grande incerteza, mas que também não nos cabe julgar. O fato contundente que podemos tirar de tudo exposto até aqui é que Judas não praticou traição alguma, embora seja o "filho da perdição".

A escolha de Judas foi feita dentro do plano soberano de Deus com o fim de realizar seus propósitos, sem que isso, em momento algum, tirasse a responsabilidade de Judas. O livro de Atos registra o preenchimento da vaga de Judas entre os doze por Matias. No processo de escolha, Pedro faz diversas referências a Judas. Este tinha sido *"contado entre nós e teve parte neste ministério"* (1:17). A saída dele do grupo apostólico já estava prevista nas Escrituras, pois está escrito no Livro dos Salmos: *"Fique deserta a sua morada; e não haja quem nela habite; e: Tome outro o seu encargo"* (1:20). A sua substituição era necessária, pois *"Judas se transviou, indo para o seu próprio lugar"* (1:25). Transparece com clareza das declarações de Pedro que os demais Apóstolos em momento algum entenderam que Judas era um deles, alguém que tinha errado bastante, mas que ao fim poderia ser salvo.

As passagens, tiradas dos Evangelhos canônicos, mostram que não é possível compatibilizar o Judas herói, crente e nobre como acreditam os seguidores de Caim (cainitas), com o Judas filho da perdição, descrente e mesquinho retratado por Mateus, Marcos, Lucas e João. Em verdade, não há contradição alguma porque a Bíblia é perfeita. É a palavra do Deus perfeito. Há a certeza de que Judas não foi herói, nem traidor. Judas foi seguidor fiel de Cristo, cumpriu sua missão e, em seguida, pecou; deixou-se dominar pelo diabo.

É aceitável e, teologicamente correto, o entendimento de que Judas foi escolhido por Deus para ter a missão talvez a mais difícil de todas, mas que foi levado à perdição pela fraqueza de sua carne, o que, por certo, foi permitido por Deus para servir de ensinamento para todos nós, hoje e amanhã, de que mesmo os que são separados podem cair. Deus demonstra assim a Sua perfeição em não obrigar que eu e você O sigamos por pressão ou medo, e sim por amor e fé.

Essa premissa que firmo é tão coerente com a Bíblia, que nos basta somente estudar. A história de Saul não lhe parece semelhante? Todas as vezes que o próprio Cristo prega advertindo sobre sermos pedra de tropeço (Romanos 9:32-33; 1 Pedro 2:8) não podem ser conectadas a Judas? Quando Paulo fala sobre a operação do erro ou poder da sedução (2 Tessalonicenses 2:11).

Não resta dúvida de que somos tão pecadores quanto Judas. Mas existe uma diferença entre o pecado do crente e do descrente. Quando o crente peca, ele o faz contra sua natureza regenerada, contra sua consciência santificada, contra as advertências do Espírito que nele opera, e à revelia da Palavra de Deus que ele ama e deseja seguir. Portanto, quando ele se arrepende, retorna a Deus em quebrantamento real e disposição de reparar seus erros. Mas quando o descrente peca, ele o faz de acordo com sua natureza não regenerada.

Quando, em alguns casos, sua consciência amortecida o comove, ele reage com remorso, arrependimento e tristeza. Todavia, porque não crê e não tem esperança de perdão, tenta sufocar a consciência que o aflige e o desespero por meios humanos. Por isso, nós temos enorme responsabilidade hoje, neste mundo extremamente fraco e vulnerável, no qual temos *bullying*, depressão, muita ansiedade, muita saúde mental destruída, falta completa de parâmetros familiares, inversão total dos valores éticos e morais, entre tantos outros problemas da modernidade, de levar a mensagem vivificadora e salvadora de Cristo para todos, para evitar que quem peque use os meios humanos e extremos como o suicídio para resolver ou expiar seu pecado.

Quando lhe dermos da água da vida, ele poderá redimir seus erros na Cruz e tocar a vida até que o Senhor o recolha. Essa é nossa missão suprema hoje. Isso Jesus nos ensinou com a história de Judas.

Para entender a magnitude do conteúdo deste livro e de tudo o que ainda está por vir, separei uns dados interessantes. São eles:

- No Antigo Testamento, temos a junção de 46 textos hebraicos, de 1200 a 100 a.C., que formam a primeira parte da Bíblia;
- No Novo Testamento, são 27 livros;

- Nos Pergaminhos do Mar Morto, há cerca de 850 documentos da época de Cristo e depois Dele, entre eles, a versão mais velha do Antigo Testamento;
- Nos Apócrifos, cujo significado quer dizer *oculto*, até hoje encontrados somam 113, sendo 52 que tratam do Velho Testamento e 61 que falam do Novo;
- Nos Manuscritos de Nag Hammadi, temos mais 13 achados, e aqui temos até livros de Pedro, de Tomé e de Felipe.

Recentemente, foi encontrado o *Evangelho de Judas*, que me motivou a escrever este livro e sabe-se lá o que ainda há de nos ser revelado. Assim, podemos concluir com muita tranquilidade e certeza de que Judas não traiu Jesus. Judas ENTREGOU Jesus. Cumpriu sua missão!

Quanto ao que aconteceu com ele depois que se permitiu cair em desgraça, temos que deixar o assunto nas mãos Daquele que conhece os corações e julga todas as coisas.

Deus abençoe você e sua casa.

POSFÁCIO

Por Jacques Dias

Embora já tenha feito a revisão e participado de debates, esses foram muito mais abundantes na minha área profissional de atuação. Sou leigo por não ter uma educação formal em teologia, mas um sedento estudioso da Palavra de Deus. Longe de querer falar de mim, queria só dar um contexto da forma como tomei conhecimento da obra que chega até suas mãos.

Caio me convidou (e um grupo de amigos) para apresentar a ideia e esboço da obra com abertura total para questionamentos ou mesmo para desabonar o trabalho, não recomendando a continuidade do processo de editoração. Sou grato pela oportunidade e humildade que demonstrou ao abrir, sem barreiras, sua casa, vida e ideias.

Por que tudo isso? Por que tanto cuidado? Ousadamente, ele quis analisar a vida de um personagem execrado, Judas Iscariotes, visto como traidor, é usado popularmente como adjetivo para designar aquele que trai alguém. Se há um inocente que não merecia isso, era Jesus Cristo, então, Judas, dentro de uma classe de pessoas que cometem das mais graves falhas, ele foi o pior. Assim, que proveito teríamos em analisar quem já foi julgado como pior, quem merece o desprezo.

Se você concorda com essas palavras, talvez não tenha entendido a profundidade da Graça do Pai em Jesus. Somos rápidos em julgar ou, como se diz entre os jovens desta geração, cancelar alguém. Jesus não agiu assim durante todo o seu ministério nesta terra e não age assim hoje também. Como precisamos atentar para a trave em nosso olho?

Em uma época que somos oprimidos por comportamentos esperados, pelo consumo imediato e a valorização do nosso olhar sobre as coisas, Judas pega a quase todos de surpresa fazendo o que ninguém espera. Com facilidade, fazemos perguntas próximas a esta: como fulano pôde fazer isso? Contudo, temos dificuldade de examinar e ouvir o Espírito Santo sondar nossos corações.

Você tem oportunidade de examinar com detalhes o que a Bíblia coloca sobre a vida de Judas. O autor desta obra apresenta uma análise textual rica que nos leva a questionar o uso do termo "traidor", bem como apresenta um novo olhar sobre a motivação e o contexto em torno desse personagem. Seus apontamentos nos fazem pensar naquele que queremos ignorar. Judas, um dos doze, é apresentado neste livro com uma característica comum com os outros onze discípulos mais queridos por todos nós: sua vida aponta para o amor perfeito de Jesus pelos imperfeitos.

Como leigo, posso afirmar também que o autor, embora seja doutor em teologia, trouxe à tona um livro de fácil leitura e não acadêmico (sem deixar de embasar e apresentar dados e referências), passando a sensação de que conversa conosco. Não é um tratado teológico exaustivo do assunto, mas nos leva a pensar, a partir de suas ideias, sem impor suas conclusões. Ele nos incentiva ao estudo da Bíblia e nos edifica.

Minha oração é para que o Espírito Santo use esta obra para Glória de Deus Pai e nosso Senhor Jesus Cristo, mostrando que toda Sua escritura inspirada é útil para nossa edificação.

Jacques Fernandes Dias é graduado em Engenharia Química pela Universidade Federal do Rio de Janeiro (UFRJ) e Doutor em Ciências em Química pelo Instituto Militar de Engenharia (IME). Atua como professor associado da Faculdade de Tecnologia da Universidade do Estado do Rio de Janeiro (UERJ). Discípulo de Jesus Cristo.

BIBLIOGRAFIA

Todas as referências bíblicas foram extraídas da Bíblia King James Atualizada (KJA) 2. ed. Julho 2013; da Bíblia Apologética de Estudo por João Ferreira de Almeida, Editora Geográfica (1º maio 2014), ASIN: B00NA25Y9W; do Codex Sinaiticus no site https://www.codexsinaiticus.org/en/manuscript.aspx - do Novo Testamento em grego. Disponível em: https://talkingreek.wordpress.com/2017/05/22/novo-testamento-em-grego-on-line/.

Antigo 7, THE GOSPEL OF JUDAS from Codex Tchacos EDITE D BY RODOLPH E KASSER, MARVIN MEYER, and GREGOR WURST. Published by the National Geographic Society 1145 17th Street, N.W., Washington, D.C. 20036-4688.

BARNES, Albert. Notes on the New Testament: Explanatory and Practical.

FRANGIOTTI, Roque; NABETO, Carlos Martins. Pápias de Hierapólis: fragmentos restantes de suas obras. Bet Nacional. Disponível em: https://www.veritatis.com.br/fragmentos-das-obras-de-papias-de-hierapolis.

GRAMÁTICA Noções do Grego Bíblico, de Rega e Bergmann. 1.ed., 2004.

CHINELLI, Ana Paula. O evangelho segundo Judas. Por dois milênios, Judas foi apontado como o maior traidor de Jesus. Agora, documentos sugerem que ele pode ter sido o mais fiel de seus seguidores. SuperInteressante, 2006. Disponível em: https://super.abril.com.br/historia/o-evangelho-segundo-judas

MACCOBY, Hyam (2006). Antisemitism And Modernity. Londres, Inglaterra: Routledge. p. 14. ISBN 978-0415553889.

NEPE SEARCH (1890). Strong G5860. Disponível em: https://search.nepebrasil.org/strongs/?id=G3860 E Strong's Exhaustive Concordance of the Bible.

PAFFENROTH, Kim. Judas: Images of the Lost Disciple. Louisville, KY.

RAMOS, Isabel. Judas: traidor ou amigo de Jesus? Paróquias de Portugal, 2024. Disponível em: https://paroquias.org/noticias.php?n=6359.

REGA, Lourenço Stelio; BERGMANN, Johannes. Noções do grego bíblico: gramática fundamental. 1. ed. São Paulo: Vida Nova, 2004.

ROBERTO, Hélio. Por que Judas precisou beijar Jesus? Gospel Prime, 2019. Disponível em: https://www.gospelprime.com.br/por-que-judas-precisou-beijar-jesus.

SANTO IRINEU DE LIÃO. Adversus Haereses. Coleção Patrística n. 4, São Paulo: Paulus, 1995, p. 122.

SCHAFF, Phillip. A Popular Commentary on the New Testament (1878-83).

SPONG, John Shelby (2009). The Sins of Scripture. Nova Iorque: HarperCollins. ISBN 978-0060778408.

The Gospel of Judas Rodolphe Kasser, Marvin Meyer e Gregor Wurst (editores), EUA, National Geographic Books, 2006.

WESTMINSTER/John Knox, 2001.

https://hebraico.pro.br/r/bibliainterlinear

PATROCINADORES

Na terra e no ar, nós fazemos a diferença!

Telefone: (24) 99974-0101

Resende-RJ GESTÃO 2024-2027

Facebook: aabbresende

(24) 3384-5554

+55 (24) 99985-4342